Wolfgang Schmidbauer (Hg.)

Pflegenotstand – das Ende der Menschlichkeit

Vom Versagen der staatlichen Fürsorge

Rowohlt

rororo aktuell
Herausgegeben von Ingke Brodersen

Redaktion Rüdiger Dammann

Originalausgabe
Veröffentlicht im Rowohlt Taschenbuch Verlag GmbH,
Reinbek bei Hamburg, Juli 1992
Copyright © 1992 by Rowohlt Taschenbuch Verlag GmbH,
Reinbek bei Hamburg
Alle Rechte vorbehalten
Umschlaggestaltung Büro Hamburg – Jürgen Kaffer/
Peter Wippermann (Foto: IFA-Bilderteam-UPA, München)
Satz Sabon (Linotronic 500)
Gesamtherstellung Clausen & Bosse, Leck
Printed in Germany
990-ISBN 3 499 13118 8

Inhalt

Vorwort   7

Die Ohnmacht der Politik

Wolfgang Schmidbauer
Die Widersprüche der Gesundheitspolitik   16
Mit immer größerem Aufwand immer weniger erreichen

Peter Jacobs
Das Recht der Medizin und die Pflicht der Pflege   31
Krankenpflege im Spannungsfeld von Recht,
Politik und Berufspolitik

Zur Situation der Pflegenden

Annemarie Bauer und Katharina Gröning
Pflegenotstand – Frauennotstand   52

Doris Prinzl-Wimmer und Annemarie Bauer
Abstürze: Warum sie nicht bleiben   68
Über Motivationen und Anti-Motivationen im
Krankenpflegeberuf

Wolfgang Schmidbauer
Neue Motive aus der Asche der alten?   80
Die Unzufriedenheit der Pflegenden

Notstands-Szenarien

Wolfgang Schmidbauer
Gewalt in der Pflege   108
Entstehung und Gegenmaßnahmen aus
psychoanalytischer Sicht

Annemarie Bauer und Doris Prinzl-Wimmer
Angst und Macht in der Krankenpflege 119

Wolfgang Schmidbauer
«Ich wollte doch nur helfen» 131
Die Tötung Kranker durch das Pflegepersonal

Wege aus der Krise

Peter Jacobs
«Zehn Minuten vor der Zeit ist der Schwester Pünktlichkeit» 146
Gibt es eine Lösung des Pflegenotstandes?

Zu den Autoren 159

Vorwort

«Ich lerne etwas Anspruchsvolles, Aufregendes, anderes (…). Einen Beruf, der mir Spaß macht – auch wenn er fordert. Aber ich weiß, was ich will, und ich gehe den richtigen Weg. (…) Ich bin für Menschen da – und es ist schön, wenn man weiß, daß man gebraucht wird.» Mit diesem Statement warben am 10. Mai 1991 in der *Zeit* die Abteilungen für Presse und Öffentlichkeitsarbeit der (katholischen) Caritas und der (evangelischen) Diakonie unter der Überschrift: «Ich werde Altenpflegerin!»

In der Tat ist der Bedarf an solchen Helferinnen groß. Dem derzeit fast überall beklagten Personalmangel stehen Prognosen gegenüber, die für das Jahr 2010 eine Verdoppelung des Bedarfs ankündigen. Eine von der bayerischen Staatsregierung in Auftrag gegebene Studie ergab im Altenpflegebereich einen Steigerungsbedarf der Vollstellen um 100 Prozent, im ambulanten Pflegedienst um 80 Prozent.

Wenn solche Meldungen durch die Presse gehen, lassen abwiegelnde Kommentare zumeist nicht lange auf sich warten. Ein Regierungsvertreter versicherte beispielsweise, daß man nur von einer angespannten Personalsituation, keinesfalls aber von einem akuten Pflegenotstand sprechen dürfe. Das ist insofern richtig, als der Pflegenotstand tatsächlich nicht akut, sondern chronisch ist (vgl. die Beiträge von Peter Jacobs in diesem Band), stimmt aber nachdenklich, wenn gleichzeitig ein Vertreter des Landescaritasverbandes bemerkt, daß derzeit im Altenpflegebereich nur die Hälfte der Planstellen mit ausgebildetem Personal besetzt ist. Da erhebt sich die Frage, was eigentlich noch geschehen muß, ehe die verantwortlichen Politiker die Strategie der Beschönigung verlassen und die Probleme beim Namen nennen.

Kosmetische Formulierungen stehen hoch im Kurs. Um das Interesse für die triste Realität ist es schlecht bestellt. Wie diese Realität aussieht, belegt etwa eine Studie über die Situation von Altenpflegern, aus der hervorgeht, daß jährlich etwa ein Drittel der in diesem Bereich Beschäftigten den Altenpflegeberuf aufgibt («der mir Spaß macht – auch wenn er fordert»). Vor allem bei längerer Tätigkeit ist die Belastung in der Altenpflege noch größer als in anderen, hochbelasteten Pflegesituationen (etwa in Krebsstationen). Und in einem Forschungsprojekt der Psychiatrischen Universitätsklinik Hamburg wurde festgestellt, daß von 120 Pflegerinnen und Pflegern in Heimen und Sozialstationen, die ihren Beruf bereits zehn Jahre lang ausübten, 90 Prozent unter psychosomatischen Störungen litten[1] («Es ist schön, wenn man weiß, daß man gebraucht wird!»).

Anfang November 1991 kam es zu einem erbitterten Medienkampf zwischen der Gewerkschaft ÖTV, der Deutschen Krankenhausgesellschaft und der damaligen Bundesgesundheitsministerin Gerda Hasselfeldt (CSU). Ulrike Peretzki-Leid von der ÖTV warf Frau Hasselfeldt nichts weniger als einen Wortbruch vor, weil die für 1991 angekündigte Ministerialverordnung für eine Personalaufstockung in den Krankenhäusern ausgeblieben war. Nach ÖTV-Unterlagen fehlen derzeit etwa 100 000 ausgebildete Kräfte. Die Ministerin konterte, sie habe derlei nie versprochen, die Grundlinien der geplanten Verordnung seien längst bekannt und würden in verschiedenen Krankenhäusern bereits erprobt. Zudem habe sie bereits Ende August allen an den Pflegesatzverhandlungen beteiligten Parteien empfohlen, zusätzliche Planstellen zu vereinbaren.

Fazit: Der Pflegenotstand ist wie der Schwarze Peter im Kinderspiel. Jeder will ihn lossein. Wie so oft, hat auch diesmal das Ministerium, politischen Gegenwind für eine klare Position (mit entsprechenden Folgeproblemen) fürchtend, den Kopf eingezogen und den Interessenverbänden die Regelung überlassen, die nun für 1992 so aussieht wie für die Jahre zuvor: Es gibt keine Anhebung der Stellenzahl. Die Krankenkassen wollen sie nicht finanzieren, die Krankenhausträger können sie nicht in ihrem Etat unterbringen (weil sonst – um zwei Beispiele zu nennen – an der Medizintechnik oder den Chefarzthonoraren gespart werden müßte).

Kurze Zeit vorher hatte das Klinikum Großhadern mitgeteilt, die Lebertransplantation sei trotz der Kosten von rund 200 000 Mark (sowie der Tatsache, daß nur die Hälfte der Patienten rehabilitiert werden kann und zwischen 17 und 33 Prozent den Eingriff nicht überleben) fast schon eine Routine-Operation. «Sorgen bereitet den Ärzten die

---

1 *Süddeutsche Zeitung* vom 18.9.1991. Die Studie wurde von Dr. Peter Kempe, Psychiatrische Universitätsklinik Hamburg, kommentiert.

Blutspendemüdigkeit, die mangelnde Bereitschaft zum Organspenden und der Pflegenotstand. Dadurch werde eine ‹ausreichende Zahl von Lebertransplantationen› verhindert.» [2]

Was angesichts solcher Leistungen der Transplantationschirurgie in der öffentlichen Bewunderung untergeht, ist das makabre Phänomen, daß mindestens drei Viertel der Menschen, die eine neue Leber benötigen, ihre alte Leber durch Alkoholkonsum ruiniert haben. Ob es unter solchen Gesichtspunkten überhaupt sinnvoll ist, Lebertransplantationen durchzuführen, scheint vom Gesichtspunkt der Gesundheitsfürsorge sehr zweifelhaft. Wenn es gelänge, von jenen 1500 Alkoholikern unter den 2000 «Bedarfsfällen» für eine Lebertransplantation in der alten Bundesrepublik die Hälfte rechtzeitig vom Alkoholismus zu heilen, wäre der medizinische Erfolg ungleich größer, freilich längst nicht so spektakulär. Umgekehrt könnten die selbstbewußten Verlautbarungen der Transplantationschirurgen den einen oder anderen Alkoholiker ermutigen, alle Warnungen in den Wind zu schlagen. Wenn er seine Leber kaputtgesoffen hat, verpflanzt man ihm auf Kosten der Krankenkasse eine neue.

Zugleich muß eine Wissenschaftspolitik in Frage gestellt werden, welche die Entscheidung, ob Transplantationszentren geschaffen werden, den Chirurgen überläßt. Diese müßten Übermenschen sein, wenn sie das Umfeld ihres Faches genauso ernst nähmen wie dieses Fach selbst. Ist erst einmal eine neue Maximalmethode der Chirurgie entwickelt worden, ist es unendlich schwierig, ihren Einsatz zu verhindern. Denn die ergreifende Wohltat für einen einzelnen läßt sich gewiß weder leugnen noch – ist sie erst Realität – mit dem Hinweis auf das Allgemeininteresse «verbieten».

Mehr (Selbst-)Bewußtsein und weniger Expertenglauben wären hier bitter nötig.

Erst wenn das Wissen um die Notwendigkeiten und Notstände eines pfleglichen Umgangs mit menschlichen Schwächen Allgemeingut wird, gewinnen die notwendigen politischen Veränderungen und Umschichtungen eine Grundlage. Es mangelt in diesem Bereich eigentlich nicht an Informationen: Jeder Zeitungsleser und Fernsehzuschauer erfährt von den Mißständen in der Pflege, von der Tötung oder Mißhandlung hilfloser Menschen durch überfordertes Personal. Was fehlt, ist die «Formation» oder, um ein vertrauteres Wort zu gebrauchen, die Bil-

2 *Süddeutsche Zeitung* vom 26.6.1991, S. 15.

dung der Beteiligten. Während Informationen in unserer Warengesellschaft hingenommen und abgespeichert werden – morgen ist das Programm anders, steht eine neue Schlagzeile im Blatt –, enthüllen sich die ängstigenden Zeitfragen mehr und mehr als Bildungsprobleme, das heißt als Schwierigkeiten, die mit unserem Menschenbild und unserer Wertordnung zusammenhängen. Da in der Informationsgesellschaft unsere Psyche angeleitet wird, ähnlich wie die Speicherplatte eines Computers zu arbeiten, die, ohne in Konflikt zu geraten, völlig gegensätzliche Inhalte aufnehmen kann, liegt der Bildungsauftrag darin, Zusammenhänge zu stiften, Spannungen bloßzulegen, aber auch die Überzeugung entstehen zu lassen, daß eben nicht alles zusammenpaßt und zusammengeht.

Sind solche Vorstellungen unzeitgemäß – zugleich veraltet und utopisch? Haben nicht die Veränderungen der letzten Jahre, nicht zuletzt der Zusammenbruch von Lenins erstarrter Revolution, jener gelegentlich postmodern genannten Haltung das Oberwasser gegeben, in der es keinen anerkannten Vernunftbegriff, keinen verbindlichen Wertekanon mehr gibt, in der alles käuflich und mithin auch alles erlaubt ist?[3]

Die Widersprüche und Beliebigkeiten, die an den Umgangsformen mit menschlicher Schwäche deutlich werden, sind noch nicht so bewußt und noch nicht so auffällig, daß eine neue Verbindlichkeit entstehen kann. Allerdings sind die Grenzen der bisherigen Lebensformen, des Technikglaubens und der ungezügelten Konsumsucht heute nicht mehr zu verkennen. Ebenso erkennbar ist aber auch eine machtvolle Tendenz der Verdrängung. Der Autoverkehr in den Städten steht vor dem Zusammenbruch; aber wir verhalten uns mehrheitlich noch so, als ob das Auto eine Zukunft hätte. Der Pflegenotstand wird die menschliche Lebensqualität zunehmend beeinträchtigen; aber wir verhalten uns noch so, als ob es sich um ein durch einige Einzelmaßnahmen lösbares Problem handeln würde.

In der Kernphysik spricht man von einer «kritischen Masse» und meint damit die Grenze, von der an eine Kettenreaktion einsetzt,

---

3 Vgl. Panajotis Kondylis, *Der Niedergang der bürgerlichen Denk- und Lebensform. Die liberale Moderne und die massendemokratische Postmoderne*, Weinheim 1991. Der «Sinn» des sich ständig selbst als «postmodern» charakterisierenden Argumentierens besteht demnach darin, jeden verbindlichen Sinn aufzulösen und die Ex-und-hopp-Mentalität der Konsumgesellschaft zu legitimieren.

welche den bislang stabilen Zustand dramatisch verändert (z. B. in Gestalt einer Explosion). Diese kritische Masse gibt es auch im sozialen Feld. Die Veränderungen etwa, welche sich in den letzten Jahren durch die schleichende Aushöhlung des Stalinismus ergaben, schienen lange Zeit ähnlich geringfügig und wurden plötzlich höchst dramatisch. Angesichts der Problematik des Pflegenotstands könnte es eine vergleichbare Entwicklung geben. Wir haben uns in den reichen Ländern daran gewöhnt, daß wir die bekannten, durch Rohstoffverschwendung und Umweltbelastung entstandenen Probleme schrittweise kompensieren können. Aber diese Überzeugung ist trügerisch. Ähnlich besteht auch heute noch der Glaube, daß durch die Anwerbung neuer Pflegekräfte, durch bessere Bezahlung und Ausbildung – auch ohne grundsätzliche Veränderungen, ohne neue Schwerpunkte, ohne eine andere Machtverteilung – dem Notstand begegnet werden kann.

Die Krise der Gesundheitspolitik hängt damit zusammen, daß die Solidargemeinschaft der Versicherten, die sich gegenseitig vor den Risiken einer Krankheit schützen, zum Lippenbekenntnis herunterzukommen droht. Die Entwicklung wird längst von ökonomischen Interessen der Anbieter und einer Konsumentenhaltung der Verbraucher von Gesundheitsprodukten bestimmt. Die historische Erfahrung belehrt uns, daß solche Erosionen einst bewährter Strukturen nicht durch moralische Appelle oder Beteuerungen aufgehalten werden können. Wo die wirtschaftlichen Möglichkeiten gegeben sind, entwickelt sich eine Konsumgesellschaft mit allen ihren Schattenseiten und Vorzügen. 1950 hätte eine Umfrage unter der intellektuellen Elite Europas gewiß ergeben, daß Fastfood-Restaurants eines amerikanischen Großkonzerns niemals an repräsentativen Plätzen von Paris, Florenz oder Moskau stehen würden. Heute stehen sie dort.

Die größte Gefahr der Konsumgesellschaft liegt in einer Überschätzung ihrer Ressourcen. Solange das Wirtschaftswachstum galoppiert, können die traditionellen Notwendigkeiten weitergetragen und die glitzernd-neuen Luxusgüter finanziert werden. Wird es langsamer und tauchen unerwartete Folgeschäden auf, dann droht die Gefahr, daß die fesselnden Innovationen solche Mittel an sich binden, die dringend nötig wären, um weit gefährlichere Lücken zu schließen. Ein neues PKW-Modell mit zweihundert Pferdestärken und zwanzig Servomotoren erbringt nur einen unwesentlichen Gewinn an Lebensqualität gegenüber dem alten Modell mit hundert Pferdestärken und Handkurbeln zum

Schließen der Fenster. Elende Zustände in einem Altenpflegeheim hingegen können wirklich Lebensqualität vernichten.

Die dramatischen Verschlechterungen im Pflegebereich können durch bessere Versorgung mit aufwendigen diagnostischen oder therapeutischen Verfahren nicht kompensiert werden. Den Gesundheitspolitikern fehlt häufig der Mut, sich mit dieser Realität auseinanderzusetzen. Die jüngste Entwicklung veranschaulicht, wie schnell hier einst geschätzte Talente verschlissen werden. Im Januar 1991 berief der Bundeskanzler Gerda Hasselfeldt zur Gesundheitsministerin; gleichzeitig wurde die für Krankenversicherung zuständige Abteilung aus Norbert Blüms Arbeitsministerium herausgeschnitten und ihr zugeschustert. Helmut Kohl war es leid, daß die in seiner Pfälzer Heimat besonders mächtige Pharma-Industrie sich ständig über Blüms (recht harmlose) Versuche beklagte, die Arzneimittelkosten zu begrenzen. Zwischen den Fronten der mächtigen Pharma- und Ärztelobby einerseits und der Ablehnung einer Selbstbeteiligung der Patienten andererseits eingeklemmt, tat Frau Hasselfeldt alles, was ihr zu tun möglich war, nämlich gar nichts. Ende April 1992 trat sie unter einem Vorwand zurück. Während dieser Zeit stiegen die Ausgaben der gesetzlichen Krankenversicherung um durchschnittlich 10,5 Prozent, die Einnahmen aber nur um fünf Prozent. Frau Hasselfeldts Nachfolger im Amt ist Horst Seehofer (ebenfalls CSU), bisher Staatssekretär im Arbeitsministerium und dort für die geplante Pflegeversicherung zuständig.

Pharmaindustrie und Ärztelobby sind politische Machtfaktoren; die in Pflegeberufen Tätigen haben dagegen nur wenige Mittel, sich bemerkbar zu machen. Von diesen ist das Verschwinden aus dem Beruf vielleicht das wirkungsvollste. Viel politische Aufmerksamkeit und Abgrenzung gegenüber Luxusinteressen wird notwendig sein, um die menschenunwürdigen Zustände in der Pflege zu verändern. Wenn die gesellschaftlichen Möglichkeiten an eine Grenze stoßen, ist die Gefahr groß, daß jene die Zeche zahlen müssen, die sich am schlechtesten wehren können: die Pflegebedürftigen und die Pflegenden. Und obwohl ihr Beitrag notwendiger ist, werden Großgeräteindustrie, Ärztelobby und Pharmaproduzenten für weitaus mehr öffentliche Aufmerksamkeit sorgen können.

Die weibliche Beziehungs-, Pflege- und Helferorientierung gleicht einer Rohstoffquelle, die heute nicht mehr so üppig fließt wie vor dreißig Jahren. Dem leistungs- und konsumorientierten Bürger, gegenwärtig männliches *und* weibliches Leitbild, sind die früher schicksalhaft ertragenen Lasten der Pflege alter Angehöriger oder die dienende Rolle im Krankenhaus fremd geworden. Die gegenwärtige Situation ist daher durch ein maximales Auspressen der Restbereitschaften bestimmt, «aus Liebe» zu dienen und zu helfen, verbunden mit wirtschaftlichen Kompromissen (eine etwas bessere Beziehung) und geringerem Anspruch an die menschliche Qualität (für Patienten, die sich vernachlässigt fühlen, gibt's Psychopharmaka). Irgendwo sitzen gewiß schon Entwicklungsabteilungen an Pflegemaschinen, welche menschliche Arbeitskräfte ersetzen (vgl. S. 152).

Wenn die Autoren dieses Bandes darauf bestehen, den Pflegenotstand nicht schönzufärben und keine simplen Lösungen anzubieten, heißt das nicht, daß sie sich mit einem kritischen Standpunkt fern der Praxis begnügen wollen. Hier kommen im Gegenteil ausschließlich Praktiker zu Wort – mit vielen Jahren Felderfahrung in Pflege, Ausbildung und Supervision. Das Buch wendet sich in erster Linie an die Betroffenen – an Pflegerinnen, Pfleger und Gepflegte. Es versucht, Hintergründe zu erhellen, Vereinfachungen aufzulösen und Ambivalenzen zuzulassen.

Eingangs wurde festgestellt, daß der Pflegenotstand vor allem ein Bildungsproblem sei. «Bildung» ist die Art und Weise, in der gesellschaftliche Werte vermittelt werden. Diese Vermittlung scheint in den Bereichen, die mit der Kranken- und Altenpflege zu tun haben, nicht mehr zu funktionieren. Die in einer Konsumgesellschaft geprägten Orientierungen wirken anscheinend destabilisierend auf die Bereitschaft, in einem autoritären System pflegerisch zu arbeiten. Eine Bildungsreform in diesem Bereich müßte das Selbstbewußtsein der Pflegenden soweit steigern, daß sie um Reformen der Strukturen kämpfen und nicht mehr nur aus diesen Strukturen aussteigen.

Dennoch üben die Aussteiger einen nützlichen Druck aus. Die entscheidende Frage wird sein, ob eine Senkung der professionellen Standards verhindert werden kann (z. B. auch auf der Ebene der Europäischen Gemeinschaft). Andernfalls ließen sich die strukturbedingten Probleme weiterhin vertuschen, weil ungelernte Kräfte oder aus dem Ausland importierte Hilfen die Löcher zustopfen dürfen.

Institutionelle Kreativität ist gefragt. Unsere Berufsstruktur mit ihrem Ideal der Einmalqualifikation und anschließender Tätigkeit bis zur Berentung ist längst überholt. Durchlässigkeit und Flexibilität fehlen. Fünf Jahre in der Altenpflege oder auf einer Krebsstation zu arbeiten, ist für jeden Menschen eine lehrreiche Erfahrung. Es dreißig Jahre zu tun, darf man nur besonders geeigneten Personen zumuten. Warum sollen nicht Ärzte auf Pfleger-Stellen arbeiten (natürlich nach einer entsprechenden Ausbildung), und umgekehrt Pflegerinnen gefördert werden, Medizin zu studieren? Auf diese Weise ließe sich die hierarchische Grenze durchlässiger machen. Warum gibt es in den Alten- und Pflegeheimen so wenig Stellen für Animateure, für Kunst- oder Bewegungstherapeuten? Warum integriert man nicht Altenheime und Kindergärten? Warum gibt es Stipendien und Preise, Wettbewerbe und Ausstellungen nur für junge Drehbuchautoren oder für Architekten, nicht aber für soziale Innovationen? Wer etwa im Pflegebereich eine gute, neuartige Idee hat, braucht ein dickes Fell und einen eisernen Schädel, um sich durchzusetzen. Niemand wartet auf ihn, begrüßt ihn, unterstützt ihn – obwohl gerade hier Neuerungen und Kreativität mindestens ebenso nötig wären wie in der Architektur; für den kunstvollen Dekor öffentlicher Gebäude beispielsweise wird stets eine bestimmte Quote der Bausumme verwendet.

«Pflegenotstand – das Ende der Menschlichkeit?» ist somit kein Alarm, der dazu führen soll, sich einzubunkern und zu resignieren, sondern ein Plädoyer für Neugier, für ein neues Interesse an den helfenden Berufen. Nur wer die eigenen Grenzen und den eigenen Widerwillen reflektiert, wird seine Energie für Innovationen nutzbar machen können.

München, im Frühjahr 1992
Wolfgang Schmidbauer

Die Ohnmacht
der Politik

Wolfgang Schmidbauer

Die Widersprüche der Gesundheitspolitik

Mit immer größerem Aufwand immer weniger erreichen

In ihrer Hauszeitschrift rechtfertigte eine große private Krankenversicherung ihre jüngste Beitragserhöhung mit folgenden Argumenten: «Kein Mensch würde heute einen VW der 50er Jahre kaufen. Er wäre unbequem, technisch überholt, ohne Heizung. (...) Würde Ihr Kunde einen frühen Antiktarif der (...) haben wollen? Ein sicherlich preiswertes Angebot, aber z. B. ohne Leistungen für Kernspintomographie (Untersuchungskosten ca. 1800 DM pro Fall), Computertomographie (850 DM), Nieren-, Leber-, Herz-, Knochenmarkstransplantationen (Sonderentgelte 32 000 DM bis 180 000 DM), Blutwäsche bei erhöhten Cholesterinwerten (125 000 DM), neue Krankheiten wie Aids (Durchschnittskosten 90 000 DM), Ersatzteilmedizin (z. B. Hüft- und Kniegelenke).»

Solche Rechnungen und Vergleiche veranschaulichen ein Phänomen, das Sozialmediziner (Thiemeyer in Viefhues 1981) die «Superiorität der Nachfrage von Gesundheitsgütern» nennen. Tatsache ist, daß die Ausgaben für das Gesundheitswesen schneller ansteigen als das Bruttosozialprodukt. Dieser Kostensteigerung, die noch keine Industriegesellschaft zu verhindern wußte, steht ein *sinkender* Nutzen gegenüber (der bei aller Protzerei mit Innovationen und Kosten zumeist verschwiegen wird).

Wesentlich ist hier der Begriff des *Grenznutzens*. Ein Beispiel: Um die 99 Prozent Schärfeleistung eines Kameraobjektivs auf 99,5 Prozent zu steigern, müssen technische Maßnahmen durchgeführt werden, die weit über einem halben Prozentpunkt der Gesamtkosten liegen. Jeder Fotograf weiß, daß er für Spitzenobjektive den zehnfachen Preis eines

Durchschnittsobjektives zahlen muß, obwohl die Abbildungsqualität nur um ein Zehntel besser ist.

In der Medizin funktioniert dieser Grenznutzen nicht so eindeutig wie in der Technik. In allen Industrieländern ist die Sterblichkeitsrate kaum mehr zu beeinflussen. Mit zehnfachem Kostenaufwand ließe sich allenfalls erreichen, daß die Menschen im Durchschnitt nicht 71, sondern 72 Jahre alt werden. Die Morbidität (Krankheitsanfälligkeit) verändert sich überhaupt nicht mehr. Die Zahl der Fehltage am Arbeitsplatz nimmt eher zu, desgleichen die Zahl der durchschnittlichen Aufenthalte in Kliniken und Rehabilitationseinrichtungen. Aber die Kosten steigen überproportional. Diese «Kostenexplosion» ist seit den siebziger Jahren bekannt. Seither werden auch Lösungen gesucht. 1978 stellten die Gesundheitsminister der Europäischen Gemeinschaft auf einer Konferenz fest, «daß in den letzten zehn Jahren das Gesundheitswesen eine Kostenexplosion erfahren habe (...). Dabei sei eigentlich keine meßbare Verbesserung des allgemeinen Gesundheitszustandes der Bevölkerung eingetreten» (*Neue Zürcher Zeitung*, Nr. 268, 17. 11. 1978, zit. n. Kocher 1980, S. 51).

Der Mythos der Konsumgesellschaft, den auch der Vergleich des «Antiktarifs» der Krankenkasse mit einem Volkswagen von 1950 «ohne Heizung» beschwört, vermittelt die heimliche Botschaft, daß alles, was aufwendiger ist, auch besser funktioniert. Aber dieser naive Fortschrittsglauben ist eine Illusion mit häufig sehr destruktiven Folgen. 1972 veröffentlichte der Engländer Archibald C. Cochrane ein Buch, in dem er «anerkannte medizinische Behandlungsmethoden» auf ihre Wirksamkeit überprüfte. In einem Fall erlaubte er sich einen Scherz, der viel über die Dynamik des Gesundheitswesens aussagt. Ausgangspunkt war ein Vergleich der Herzinfarktbehandlungen in Intensivstationen (mit innovativer, extrem teurer und aufwendiger Technik) mit der traditionellen Behandlungsmethode durch den Hausarzt daheim. Alle drei Monate mußten die Untersucher dem *Lord Platt-Committee* in London über den Verlauf ihrer Untersuchungen berichten. Nach den ersten drei Monaten waren acht Todesfälle bei der «Daheim»-Gruppe, aber elf bei der nach Alter und Schwere der Fälle gleichen «Intensiv»-Gruppe aufgetreten. Cochrane vertauschte nun in seinem Bericht die Ergebnisse und zeigte die Zahlen den Kardiologen. Es erhoben sich laute Rufe der Entrüstung; erregt wurde er aufgefordert, dieses sittenwidrige Experiment zu unterlassen, er sei schon immer unethisch vorgegangen, es sei ein Skandal. Cochrane ließ die versammelten Kardiologen etwa zehn Minuten lang reden. Dann entschuldigte er sich vielmals und nannte die korrekten Zahlen. Den verdutzten Kollegen hielt er nun entgegen, sie hätten damit zugestanden, daß die koronaren Intensivstationen (*coronary care units*) unethisch seien und sofort geschlossen werden müßten (Kocher 1980, S. 65).

Cochrane tat das nicht allein, um einen Scherz zu machen. Er wollte seinen ärztlichen Kollegen zeigen, wie verliebt sie in ihre Spielzeuge sind und wie unfähig, sich ein objektives Urteil über deren Nutzen zu bilden. Diese Dynamik ist psychologisch gut verständlich. Angesichts der letztlich gegenüber Krankheit und Tod vorherrschenden Ohnmacht ist die Tat des Arztes für den Kranken *vielleicht* ein heilendes, für den Arzt jedoch *sicher* ein seelisch stabilisierendes, ihn narzißtisch aufwertendes Geschehen. Daher kann der Arzt nur immer mehr tun. Untätigkeit ist für ihn schwer zu ertragen. Sie gewinnt erst dann einen Wert, wenn sie als prinzipiell anerkannte Methode legitimiert ist (wie etwa in manchen Formen der Psychotherapie).

Auf Fortbildungsveranstaltungen, in Vorlesungen, in wissenschaftlichen Zeitschriften wird von medizinischen Autoritäten bekräftigt, daß Tranquilizer, Abführmittel, Schmerzmittel nur vorsichtig und mit strengen Indikationskriterien gegeben werden sollen. Aber pro Jahr verschreiben deutsche Ärzte über 14 Millionen Rezepte für Tranquilizer, über 12 Millionen für Schlafmittel und über 34 Millionen für Schmerzmittel (Sichrovsky 1984). Nicht selten kommen schwer leidende, ältere Menschen in eine Kur- oder psychosomatische Klinik. Da sie bislang gewohnt waren, zehn und mehr Medikamente gleichzeitig zu nehmen, protestieren sie zunächst dagegen, daß sie plötzlich auf alle verzichten sollen. Nach einigen Tagen merken sie dann aber, daß es ihnen ohne diesen medizinischen *overkill* deutlich besser geht.

Neben der Dynamik des Grenznutzens ist es vor allem die Häufung iatrogener, das heißt erst durch ärztliche Einwirkung entstandener Schäden, welche die Kosten in die Höhe treibt und den Wert der ärztlichen Hilfe mindert. Sie nehmen, proportional zu den immer aggressiveren Mitteln der Heilkunde, deutlich zu, nicht nur als Nebenwirkungen von Medikamenten, sondern auch als Folge diagnostischer Eingriffe, Operationen, «lebensverlängernder» Maßnahmen. Kurt Blüchel hat bereits 1974 festgestellt, daß von jährlich acht Millionen Operationen eine Million überflüssig seien und rund 9000 Menschen an solchen Eingriffen sterben. In den USA wird die Zahl der unnötigen Operationen auf zwei bis drei Millionen pro Jahr geschätzt, je nachdem, ob es sich um eine von den Ärztegesellschaften gebilligte Studie oder um die Aussage eines Konsumentenschützers wie Ralph Nader handelt. Eine Ursache hierfür liegt in der Tatsache, daß es immer mehr Chirurgen gibt, die für ihre Facharztausbildung eine bestimmte Zahl von Operationen nachweisen müssen. Ähnliches gilt für die Zahlen der ärztlichen Konsultationen und der verschriebenen Medikamente: Je mehr Ärzte es gibt, desto mehr Menschen suchen Ärzte auf und «verbessern» ihre Gesundheit durch die Hilfsmittel der pharmazeutischen Industrie.

Seit den siebziger Jahren ist bekannt, daß zu den einflußreichsten Faktoren, welche entscheiden, ob etwa einem Kind die Mandeln entfernt, Medikamente konsumiert oder Patienten in ein Krankenhaus eingewiesen werden, die Präsenz entsprechender medizinischer Angebote gehört. Jedes neue Klinikbett, jede neue Arztpraxis kostet jährlich mindestens eine Million Mark – in manchen Ländern etwas mehr, in anderen weniger. «Notfalloperationen», beispielsweise bei Blinddarmentzündungen, finden an Wochentagen doppelt so oft wie an Samstagen und viermal so oft wie an Sonntagen statt. Die iatrogenen Krankheiten belasten die Kassen auch durch die wachsenden Risiken von Kunstfehlerprozessen, welche von den betroffenen Ärzten – vor allem den Chirurgen – durch teure Haftpflichtversicherungen aufgefangen werden.

Die «ökonomische Indikation»

Während in den frühen Texten über diese Mißstände noch Empörung und dringende Reformforderungen dominieren (zum Beispiel bei Ivan Illich, *Die Nemesis der Medizin*, 1977, bei Kurt Blüchel, *Die weißen Magier*, 1976, und vor ihnen bei A. C. Cochrane, *Effectiveness and efficiency: random reflections on health services*, 1972), machen sich in den gegenwärtigen Kommentaren eher Resignation und eine fast zynisch anmutende Bereitschaft bemerkbar, sich mit der Produktion von immer weniger Gesundheit durch immer höheren finanziellen Aufwand abzufinden. Diese Stimmung wirkt verständlich, wenn wir bedenken, daß der Aufwand an Einsicht und Kritik wenig verändert hat.

«Das Gesundheitswesen gleicht einer auf vollen Touren laufenden, gigantischen Maschine, deren Aufbau, Funktionieren, Rentabilität und Endprodukt niemand ganz übersieht und auf welcher Mark Twains Motto steht: ‹Als wir das Ziel aus den Augen verloren hatten, verdoppelten wir unsere Anstrengungen.›» (Kocher 1980, S. 74) 1989 kostete der Verteidigungshaushalt die alte Bundesrepublik 53 Milliarden; für die 170 000 Ärzte, 40 000 Zahnärzte, 34 000 Apotheker, für Pflegepersonal und Heilpraktiker, Apparate, Gebäude und Medikamente wurden 277 Milliarden ausgegeben. Die Zuwachsrate der medizinischen Hochtechnologie ist noch immer rasant. Ein Kernspintomograph, der runde fünf Millionen kostet, gehört heute schon zum Apparate-Alltag (Zuwachsrate von 30 Geräten 1985 auf 159 1991). Um höhere Versicherungsbeiträge zu rechtfertigen, werden fast immer solche Apparate ins Feld geführt; umgekehrt ist die «ökonomische Indikation», welche die Apparate schaffen, ein wesentlicher Faktor im Kostenwachstum geworden. Ein Internist ohne eigene Röntgenausstattung hält in zwei Prozent der von ihm untersuchten Fälle eine Röntgenaufnahme für unentbehrlich; besitzt er einen Röntgenapparat, durchleuchtet er 60 Prozent seiner Patienten. Ein Gynäkologe ohne einen Mammographen (ein Spezialgerät zur Untersuchung der Brust für die Krebsvorsorge) schickt nur höchstens 20 Prozent seiner Risikopatientinnen zur jährlichen Mammographie; besitzt er selbst dieses Gerät, muß sich durchschnittlich jede zweite Frau jährlich die Brüste durchleuchten lassen.

Die Investitionskosten für eine Facharztpraxis sind inzwischen so hoch, daß jeder neue Facharzt gezwungen ist, die von den Kassen gut honorierten und schnell erbrachten apparativen Leistungen auch dann für angezeigt zu halten, wenn diese Diagnostik keinerlei Folgen hat. «Routinekontrollen» können gerade bei Röntgenaufnahmen gefährlich sein.

Als der Münchner Urologe Christian Chaussy 1980 die Technik der Lithotripsie – sprich: der Zertrümmerung von Nierensteinen durch Stoßwellen ohne blutige Operation – einführte, versprachen die Befürworter der Methode eine Ersparnis von 120 Millionen Mark bei 30 000 Steinzertrümmerungen pro Jahr: Andere Eingriffe würden ersetzt, die Aufenthaltsdauer verringert, die Arbeitsunfähigkeit verkürzt. Im Endeffekt wuchsen die Kosten allerdings in einem einzigen Jahr (1986) um schätzungsweise 40 Millionen, weil nun auch Steine operiert wurden, die kaum Beschwerden verursachten, und die Operation viel häufiger Komplikationen hatte, als ursprünglich angenommen.

Anfangs galten 20 der drei Millionen Mark teuren Zertrümmerer als ausreichend. Aber 1991 standen bereits 89 zur Verfügung. Das liegt daran, daß die sogenannten «Großgeräteausschüsse» aus Vertretern der Krankenkassen, der Länder und der Kassenärzte zwar Empfehlungen aussprechen, jedoch keine Sanktionen verhängen können. Trotz aller kritischen Einwände und trotz des häufig nicht nachgewiesenen Nutzens ist der Glaube, daß mehr Apparate auch mehr Lebensqualität herstellen, in den Leitungsgremien nach wie vor unangefochten. Die Verwaltung schlägt sich auf die Seite der Medizin; die Pflege wird überstimmt oder hat nichts zu sagen. Der Verwaltungsleiter wird sich im typischen Fall scheuen, ein Großgerät nicht anzuschaffen, weil er fürchtet, daß sich technikgläubige Patienten sonst woanders behandeln lassen. Ein Kardiologe ohne Linksherzkatheter-Meßplatz, ein Urologe ohne Steinzertrümmerer fühlen sich als Fachärzte zweiter Wahl und drängen darauf, daß sie selbst eine solche Maschine bekommen, auch wenn der Bedarf in der Region gedeckt ist und die teuren Wartungs- und Personalfolgekosten von den Steuerzahlern und Krankenkassen getragen werden müssen.

Die Konsumgesellschaft hat noch kein Mittel gefunden, um die Menschen dazu zu bringen, ökonomisch mit Geld umzugehen, das ihnen nicht gehört. Der Patient muß in der Regel keine Kostenbeteiligung tragen; weshalb sollte er nicht versuchen, möglichst viel Medizinleistung aus seinem Kassenbeitrag herauszuholen, auch wenn er – wie es Kontrollen nachgewiesen haben – etwa die Hälfte der verordneten Medikamente ungebraucht wegwirft? Der Arzt wird für persönliche Leistungen sehr schlecht bezahlt. Will er genügend verdienen, muß er viele maschinell leistbare Positionen abrechnen und daher einen möglichst umfassenden Maschinenpark unterhalten. Das Gesundheitswesen gleicht dem Individualverkehr: übermotorisiert, technisch perfektioniert, viel zu teuer. Eine irrationale Sehnsucht nach vollkommenem Komfort, für die Umwelt und die Individuen gleich destruktiv, beherrscht immer noch die meisten Entscheidungen.

Die eingangs gestellte Frage, weshalb es die Einsicht hier so schwer hat, führt zu Überlegungen hinsichtlich der Suchtqualität vieler Prozesse in der Konsumgesellschaft (Schmidbauer 1992). Es scheint ein unerträglicher Verlust, der möglichst lange hinausgeschoben werden muß, unter ein einmal erreichtes Konsumniveau zurückzufallen. Solche Rückschritte wecken Ängste vor Verfall und Tod, auch wenn beispielsweise die Absurdität von immer stärker motorisierten Kraftfahrzeugen angesichts der verstopften Straßen, des unvermeidlichen Tempolimits und des Waldsterbens jedem Einsichtigen längst klar ist.

Die zentrale Illusion des Gesundheitswesens liegt gegenwärtig darin, daß die meisten Beteiligten irrational darauf fixiert sind, ein «Mehr» an dem kostbaren Gut Gesundheit ließe sich durch mehr Aufwand und mehr «Machen» erreichen, während uns die Realität längst belehrt, daß die entscheidenden Gesundheitserfolge auf dem Gebiet des *Verzichts*, des «*Lassens*» zu suchen sind. Wenn es zum Beispiel gelänge, das Zigarettenrauchen und den Alkoholkonsum zu beschränken, wären die Verbesserung der Lebensqualität und die Erhöhung der Lebenserwartung in den letzten zwanzig Jahren ungleich zügiger verlaufen als durch die gesamten medizinischen Fortschritte.

In unserer Gesundheitspolitik wird man sich an die Grenzen erinnern müssen, welche einer vernünftigen Bewältigung triebhafter Bedürfnisse gesetzt sind. Wenn es Spaß macht, schnell zu fahren, muß eine Geldstrafe so empfindlich sein, daß sich die Autofahrer diszipliniert verhalten. Wenn der Weg durch die Wiese eine Abkürzung bietet, nützt das Schild «Betreten verboten» weniger als ein Zaun. Je bequemer die teuersten und in ihrem Sinn längst im Grenznutzenbereich angesiedelten Diagnose- und Heilmittel zu erreichen sind, desto mehr werden verschwendet. Von der runden Million Computertomographien, die 1989 mit dem Maschinenpark der Röntgenpraxen und Krankenhäuser durchgeführt wurden, ergaben zweifellos rund 90 Prozent allenfalls zusätzliche Informationen. Aber wer soll darauf verzichten, wenn es weder den Arzt noch den Patienten etwas kostet, «auf Verdacht» diese Apparate anzuwerfen? Welcher Patient kann sich gegen eine Bypass-Operation wehren, die ein Experte für notwendig hält? Gegen einen orthopädischen Eingriff, der lästige Gelenkschmerzen zu beseitigen verspricht und an dessen Nebenwirkungen vorher niemand denkt?

Das Scheitern der Kostendämpfung

Verzicht ist politisch unbeliebt. Ähnlich wie in anderen Bereichen, in denen die Vernunft gebietet, Konsum einzudämmen und illusionäre Erwartungen zu zerstören, ist auch im Gesundheitswesen trotz einiger Versuche zur Kostendämpfung per Gesetz noch nichts entscheidend verändert worden. Das liegt daran, daß keine der mächtigen Interessengruppen – die Ärzte, die Pharmaindustrie und die Krankenkassen – bereit ist, eine grundlegende Reform anzupacken. Eine Beschränkung des Angebots an medizinischen Dienstleistungen erfolgt nur dort, wo sie wenig ausrichten kann. Ärzte dürfen nicht für sich werben, ihre Praxisschilder sind normiert; sie können aber nach wie vor so viele Einzelleistungen abrechnen wie ihr «Fachgruppendurchschnitt». Die Pharmaindustrie hat zähneknirschend, aber unbeschadet die strengere Kontrolle der Arzneimittelpreise und die «Negativliste» überstanden. Die Selbstbeteiligung der Patienten, politisch heiß umstritten, weil sie das Solidaritätsprinzip der gesetzlichen Krankenversicherung in Frage stellt, ist über winzige Ansätze nicht hinausgekommen.

Immer noch herrscht die Meinung, daß die Menschen um so gesünder bleiben, je häufiger und problemloser sie einen Arzt aufsuchen, ein Medikament schlucken, eine Operation durchführen lassen. Daher wird auch ohne großen Einwand das Argument hingenommen, Selbstbeteiligung hindere die Menschen, rechtzeitig zum Arzt zu gehen, und führe so zur Verschleppung von Krankheiten. In solchen Bilanzen findet keinen Eingang, daß medizinische Maßnahmen ebenso schaden wie nützen können – und in jedem Fall etwas kosten. Es gibt keinen wissenschaftlichen Beweis, daß die durchschnittliche Begegnung eines Patienten mit einem Arzt in der Konsumgesellschaft die Gesundheit des Patienten auch tatsächlich verbessert.

In den Krankenhäusern wurde am meisten an der Pflege gespart. Die Personal*schlüssel* haben sich seit 1969 nicht mehr geändert, obwohl seither durch Intensivmedizin und geriatrische Chirurgie weit mehr schwerst pflegebedürftige Patienten in den Klinikbetten liegen. Dennoch ist auch hier ein steiler Anstieg der Kosten und der Beschäftigten zu verzeichnen. Von 1972 bis 1988 hat in den bayerischen Krankenhäusern die Verweildauer der Patienten um 3,2 Prozent abgenommen, während die Zahl der stationär behandelten Kranken um 35,7 Prozent anstieg und 65 Prozent mehr Ärzte und sogar 93,8 Prozent mehr Pflegekräfte beschäftigt wurden. Dieser Anstieg kam allerdings nicht der eigentlich pflegerischen Arbeit zugute, sondern der apparativen Intensivmedizin. Die Maschinen binden eine große Zahl von Arbeitskräften; umgekehrt wurden durch die starke Abnahme der Ordensschwestern, die dauernd «im Dienst» waren, und ihren Ersatz durch «weltliche» Schwestern, die im Schichtdienst arbeiten, viele zusätzliche Stellen notwendig.

Was in der Kassenpraxis die Einzelleistung, ist in der Klinik der Pflegesatz. Pflegekräfte hören dieses Wort nicht gern; es klingt so, als sei dieses Geld für sie bestimmt, während es sich in Wirklichkeit um eine Pauschale handelt, die zwischen dem Kostenträger und dem Krankenhaus ausgehandelt wird. Alle differenzierenden Versuche (zum Beispiel einer Degression der Kosten je nach Verweildauer) sind hier seit der Bundespflegeverordnung von 1973 durch einen «vollpauschalierten» Pflegesatz ersetzt worden, in dem «teurere» Patienten (die etwa Intensivmedizin beanspruchen) klinikintern von den «billigen» Patienten (die «zur Beobachtung» aufgenommen sind oder medikamentös behandelt werden) subventioniert werden. Der Pflegesatz ist das genaue Gegenteil einer finanziellen Lösung, die wirtschaftliches Handeln begünstigt. Wenn eine Klinik spart, wird sie bestraft. Der Pflegesatz, welcher ihr in der nächsten Periode zugebilligt wird, sinkt.

Über die Investitionskosten der Kliniken üben die Länder eine gewisse Kontrolle aus, weil sie nur Krankenhäuser fördern, die in ihre Bedarfspläne aufgenommen sind. Von 1970 bis 1989 ist der durchschnittliche Pflegesatz von (im Schnitt) 56 auf 276 Mark angewachsen. Nach Ermittlungen der AOK werden in deutschen Krankenhäusern jährlich 4,5 Millionen Pflegetage geleistet, die selbst bei großzügiger Auslegung medizinisch nicht gerechtfertigt sind. Dieses Phänomen ist seit den Studien von Milton Roemer aus dem Jahre 1959 als «Roemer's Law» bekannt: *A built bed is a filled bed, and a filled bed is a billed bed.* (Ein gebautes Bett ist ein volles Bett, und ein volles Bett ist ein bezahltes Bett.)

Auch bei den unnötigen Krankenhausaufnahmen und -behandlungen gehen Maximalforderungen («Alles tun») und die Angst der Ärzte, etwas zu versäumen, eine kostensteigernde Verbindung ein. Solange die Illusion besteht, daß in Krankenhäusern nichts falsch gemacht wird und eine häusliche Pflege dagegen riskant ist, wird sich an den Milliardenkosten, die jährlich durch unnötige Klinikaufnahmen entstehen, nichts ändern. Die Gefahr, im Krankenhaus kränker zu werden (zum Beispiel durch die dort häufigen Ansteckungen mit resistenten Keimen), wird in solche Überlegungen nicht einbezogen. Wohl aber setzt sich der Arzt Vorwürfen aller Art aus, wenn er die Heimpflege eines Patienten verantworten will.

Krankenhausaufnahmen haben häufig eine verborgene psychosoziale Seite. Die Mutter will ihr Kind nicht selbst pflegen, sondern lieber zur Arbeit gehen; ein gut versicherter Patient erhält in der Klinik viele hundert Mark Tagegeld; die rekonvaleszente Greisin wird noch nicht entlassen, um die Familie zu entlasten. Um solche Aspekte angemessen zu berücksichtigen, wäre es sinnvoll, alle Aufnahmen (außer akuten Notfällen) von einem Psychiater oder einem Sozialarbeiter beurteilen zu lassen.

Die These, daß medizinisch nicht indizierte Krankenhausaufnahmen «überflüssig» seien, führt zu einem Zusammenhang zwischen der Kostenexplosion und dem Pflegenotstand. Der wachsende Bedarf an Klinikbetten (in der Presse angeheizt durch Bilder von Notbetten auf den Fluren) drückt schon längere Zeit aus, daß die häusliche Pflege als selbstverständliche, unbezahlte Arbeitsleistung von Hausfrauen nicht mehr der gesellschaftliche Normalfall ist. Je selbstverständlicher weibliche Berufstätigkeit ist, desto weniger selbstverständlich wird die häusliche Pflege. Der typische Lebensplan junger Frauen sieht gegenwärtig so aus, daß sie nach einer qualifizierten Ausbildung ihre Berufstätigkeit wegen der Kinder für eine gewisse Zeit unterbrechen, sie mit dem Eintritt der Kinder ins Kindergarten- oder Schulalter jedoch zumindest halbtags wieder aufnehmen (Rerrich 1990). Eine zweite Unterbrechung wegen der Pflege bejahrter Angehöriger ist hier nicht mehr vorgesehen. Der Verlust unqualifizierter weiblicher Arbeit (auch das Verschwinden der Haus- und Dienstmädchen in den beiden letzten Generationen) hat zu einem enormen Anstieg des Bedarfs an professionellen Pflegekräften geführt. Umgekehrt zwingt der pauschale, teure Pflegesatz die Krankenhäuser, die sogenannten «reinen Pflegefälle» in spezielle Einrichtungen umzuquartieren, um die hochsubventionierten Betten der Akutkliniken für Patienten freizumachen, welche wirklich die aufwendige Diagnose- und Therapiemaschinerie benötigen.

Wer zahlt die Pflege?

Die verschiedenen Pflegeformen werden von ganz unterschiedlichen Kostenträgern finanziert. In den Akutkrankenhäusern enthält der Pflegesatz auch die Ausgaben für das nichtmedizinische Personal. Die Klinikverwaltung kann innerhalb bestimmter Spielräume entscheiden, ob sie das verfügbare Geld für Ärzte, für technische Einrichtungen oder für die Pflege ausgibt, ob eine Planstelle für einen Sozialpädagogen, einen Klinikpsychologen oder einen Supervisor geschaffen wird, wieviel Geld für Fortbildungen bezahlt wird usw. Wie immer, wenn es um Interessenausgleich geht, fühlt sich am Ende wahrscheinlich jede Gruppe benachteiligt. Aber es gibt gute Gründe für die Annahme, daß vor allem und zumeist an der Pflege gespart wird, daß beispielsweise die Fortbildung der Pflegekräfte in der Regel ein winziger Posten neben der Wartung der Maschinen oder den Ausgaben für Medikamente bleibt.

Während die Pflegekosten bei Krankheiten von der gesetzlichen Krankenversicherung bezahlt werden, müssen für die Alten- oder Behindertenpflege die Betroffenen zunächst selbst aufkommen. Das bedeutet, daß der durchschnittliche Rentner verarmt, wenn er pflegebedürftig wird, weil die Kosten für ein Pflegeheim von monatlich zwischen 2500 und 5000 Mark nur durch ein überdurchschnittliches Einkommen finanziert werden könnten. Das heißt, daß die Restkosten für *diese* Pflegebedürftigkeit von der Sozialhilfe getragen werden müssen. Bei älteren, multimorbiden Patienten ist es letztlich ein Willkürakt zu entscheiden, ob sie «krank» oder ein «reiner Pflegefall» sind. Für einen Bruchteil der Symptome solcher Pflegefälle würde ein jüngerer Krankenversicherter «krankgeschrieben». Aber das Dilemma der Institutionen ist deutlich. Wenn die Akutkrankenhäuser solche Pflegefälle zu lange halten, steigen die Kosten für die Krankenkasse; werden sie in Pflegeheime gebracht, müssen die Sozialämter einspringen. Weil ein Pflegeplatz teuer ist, wurde im Gesundheitsreformgesetz ein Zuschuß von 400 Mark zur häuslichen Pflege bewilligt – angesichts der mindestens fünfmal höheren Kosten in einer Einrichtung ein Ausdruck der Kompromißbildung zwischen weiterer Ausnützung der Hausfrauen und dem Eindringen marktwirtschaftlicher Gesichtspunkte.

Ökonomisch sinnvoll wäre es, die teureren medizinischen Apparaturen streng zentralisiert und nach exakten Bedarfszahlen (welche die «ökonomische Indikation» blockieren) in Akutkrankenhäusern unterzubringen, während die Provinzkliniken in Alten- und Pflegeheime sowie geriatrische Rehabilitationseinrichtungen verwandelt werden sollten. Aber noch wehren sich die örtlichen Politiker erbittert, ihren Stolz auf das modernst eingerichtete Kreiskrankenhaus durch wirtschaftliche Gesichtspunkte in Frage stellen zu lassen; schließlich müssen nicht sie die Mehrkosten tragen.

Not der Pflegenden, Not der Gepflegten

Beide Nöte sind verschwistert: der Mangel an qualifizierten und motivierten Pflegekräften und die wirtschaftliche und soziale Verelendung der chronisch pflegebedürftigen Frauen und Männer. Die Beschäftigten in der Pflege haben weder die Privilegien der Beamten noch das

Streikrecht des Fabrikarbeiters oder Büroangestellten. Wenn eine Kraft ausfällt und nicht ersetzt werden kann, müssen die anderen für sie einspringen. Es gibt keine Möglichkeit, pflegebedürftige Menschen wie Maschinen stillzulegen oder ihnen endlose Wartezeiten zuzumuten. Im Notstand geschieht beides, aber immer (oder fast immer) in einem unterschwelligen Bereich, wo es der Öffentlichkeit gerade noch nicht auffällt. Die Gepflegten werden stillgelegt, immobilisiert, an Betten gebunden, sie müssen lange warten, ehe jemand kommt und im Eiltempo das Nötigste erledigt. Am schlimmsten ist die Situation in der Altenpflege und in den Behinderteneinrichtungen. Die Akutkrankenhäuser, deren Pflegenotstand eher die Gesunden alarmiert, weil sie sich von ihm bedroht fühlen, haben bessere Chancen; das gilt auch für Kur- und Rehabilitationseinrichtungen.

Pflegeversicherung

Mehr als 1,6 Millionen Deutsche brauchen ständig Hilfe, um ihren Alltag zu bewältigen. Fast eine halbe Million lebt in Heimen, deren Betriebs- und Personalkosten so hoch sind, daß die Sozialhilfe einspringen muß. Von der Rente, die einst versprach, den Lebensabend komfortabel zu gestalten, bleibt ein kleines Taschengeld.

Die Bewältigung dieser Situation wäre, auch laut der Stellungnahme des zuständigen Ministers Norbert Blüm, die zentrale sozialpolitische Aufgabe dieser Legislaturperiode. Der geschätzte Aufwand, um die Pflegebedürftigen angemessen zu versorgen, beträgt 25 Milliarden Mark. Obwohl sich bis Ostern 1992 regelmäßig eine Pflege-Kommission der Koalitionspartner traf, ist bisher keine Einigung erzielt worden, wie diese Summe aufgebracht werden soll. Blüms Modell ist die Erweiterung der Sozialversicherung. Die Krankenkassen sollen gegen einen Zusatzbeitrag von 1,5 Prozent (je zur Hälfte von Arbeitnehmern und Arbeitgebern getragen) auch die Pflege(fall)versicherung übernehmen. Haupteinwand ist hier, daß damit die Lohnnebenkosten für die Industrie steigen und der «Standort Deutschland» gefährdet würde.

Da es Blüm trotz vieler Anläufe nicht gelungen ist, die Kosten im Gesundheitswesen zu senken, erwartet auch niemand mehr, daß die Pflegeversicherung aus dem Topf der Krankenkassen finanziert werden kann. Der kleinere Koalitionspartner FDP vertritt ein privatwirtschaftliches Modell. Jeder soll für sich bei einer privaten Pflegevercherung einen Vertrag abschließen, der ihn vor dem Pflege-Risiko schützt. Dieses Modell würde den Unternehmern zusätzliche Kosten ersparen, aber es läßt die im Regen stehen, die schon jetzt oder in naher Zukunft Hilfe brauchen.

Beobachter fürchten, daß Blüm sich nicht durchsetzen wird, weil die FDP durchaus riskieren kann, daß gar nichts geschieht, während die Volkspartei CDU in der Konkurrenz um die Wähler mehr Druck verspürt. «Bei der Gesundheitsreform war die Konstellation ähnlich. Blüm trat mit einem ordentlichen Konzept an, das aber von der FDP im Kampf um ihre Klientel so weit aufgeweicht wurde, daß am Ende nur Pfusch herauskam», notierte Dirk Kurbjuweit in der *Zeit* (Nr. 8 / 1992, S. 25).

Wer soll pflegen?

Die Pflegekräfte fürchten, daß ihre Interessen in der Rhetorik um die Pflegeversicherung ebensowenig eine Rolle spielen wie in den Verhandlungen um den «Pflegesatz». Gegenwärtig lenkt das Hindernisrennen um den Aufbau und die Finanzierung der Pflegeversicherung die Aufmerksamkeit davon ab, daß die Situation der Pflegenden von vielfältigen, ungeklärten Problemen belastet ist und ihre Arbeitszufriedenheit bedrohlich nachläßt. Wie weit wir hier noch von Lösungen entfernt sind, zeigt die Zementierung der «besonderen» (und damit niedrig bewerteten) Qualität der Ausbildung von Pflegepersonal durch den Wissenschaftsrat, das höchste Planungs- und Beratungsgremium der Bundesregierung. Hier wird am Bild der «Unterrichtskrankenschwester» festgehalten und damit die Ausbildung *nicht* in das Modell der Berufsschulen integriert (durch das sich die Pflegekräfte die Voraussetzungen für ein Studium an einer Universität erwerben könnten und ihre Lehrerinnen den Berufsschullehrerinnen gleichgestellt würden). Während die Modellstudienlehrgänge für Lehrkräfte, die an einigen Universitäten erprobt wurden (in Osnabrück, Berlin und Hamburg), von den Studenten sehr begehrt waren, bewertet sie der Wissenschaftsrat als «nicht attraktiv». Die «Ständige Konferenz der Weiterbildungsinstitute» in der Krankenpflege fordert zwar die Universitätsausbildung und die Gleichstellung mit den Berufsschullehrern. Diese Postulate werden aber auch in den Mitgliedsinstitutionen nicht immer befolgt. Vermutlich scheint es vielen Ausbildern attraktiver, in den

Fachhochschulen ihre eigene Identität (und konfessionelle Ideologie) zu bewahren. Als erstes Bundesland hat Baden-Württemberg die Pflegestudiengänge in die Fachhochschulen verwiesen. «Jede Schwester zuckt doch heute noch – zumindest innerlich – zusammen, wenn ihr Beruf mit dem einer Facharbeiterin verglichen wird. Wir müssen aber erkennen lernen, daß wir uns selbst damit jeglicher Legitimationsbasis berauben, Forderungen nach vergleichbarer Bezahlung, vergleichbaren Arbeitsbedingungen und vergleichbarer Aus-, Fort- und Weiterbildung zu stellen», sagt dazu Petra Botschafter (*Mabuse* Nr. 76/1992, S. 34).

Botschafter sieht die mangelnde politische Durchsetzungsfähigkeit der Pflegenden in einem nicht nur von außen zugeschriebenen, sondern auch innerlich weitergetragenen Bild, etwas ganz Besonderes zu sein: «Die Pflege hat nie gelernt, über ihren Tellerrand hinauszuschauen. Selbstgenügsam und bescheiden hat sie angenommen, was ihr geboten – bzw. akzeptiert, was ihr verwehrt wurde. Gesellschafts-, wissenschafts- und bildungspolitische Strukturen hatten keine Relevanz, befand und befindet sich die Pflege doch in der trügerischen Sicherheit von Sonderregelungen und Sonderbedingungen. Das Resultat ist Unkenntnis und Uninformiertheit, ist Isolierung.» (Botschafter 1992, S. 35)

Die Situation
in den neuen Bundesländern

Das Versprechen, daß es nach der Wiedervereinigung keinem schlechter-, aber vielen bessergehen werde, hat in den neuen Bundesländern keinen guten Klang mehr. Der Pflegenotstand ist dort besonders ausgeprägt, weil viele Kräfte zu den besserbezahlten Stellen in den Westen abwandern. In einem Seniorenheim, über das die Berliner Stadtzeitung *zitty* jüngst berichtete («Feierabendheim Hoffmannstraße», Berlin-Treptow), werden 90 Patienten gepflegt wie in einem Krankenhaus, alle in Mehrbettzimmern. Nur drei Schwestern stehen dafür zur Verfügung, eine für jede Etage, maximal zehn Minuten pro Patient, um Windeln zu wechseln, zu füttern, zu waschen, aufzuräumen. Eine Pflegerin im Schichtdienst verdient dort mit einer 40-Stunden-Woche netto 1300 DM pro Monat. Verglichen mit der Situation im Westen heißt das: Sie betreut für die Hälfte des Gehalts doppelt so viele Patienten.

In der Ostberliner Charité, dem früheren Renommierstück des staatlichen DDR-Gesundheitswesens, sind 160 Planstellen für Pflegepersonal nicht besetzt; der Anteil an Fachschwesterrn (z. B. für Anästhesie) schrumpfte in den letzten zwei Jahren von 71 auf 6 Prozent. Die schon jetzt hochsubventionierte Charité kann sich als Faß ohne Boden erweisen, wenn nach den Schwestern auch die Patienten wegbleiben: Seit 1991 sind die Belegzahlen rückläufig. Ähnliche Probleme haben viele Kliniken in der früheren DDR; nach westdeutschem Standard fehlen dort generell etwa ein Drittel der nötigen Pflegekräfte.

Literatur

Badura, B. u. Mitarb. (Hg.), *Zukunftsaufgabe Gesundheitsförderung*, Frankfurt/M. 1991

Blüchel, K., *Die weißen Magier. Das Milliardengeschäft mit der Krankheit*, Frankfurt/M. 1976

Botschafter, P., *Quo vadis Pflege?*, in: Mabuse 76, Feb./März 1992, S. 34–36

Cochrane, A. C., *Effectiveness and efficiency: random reflections on health services*, London 1972

Illich, I., *Die Nemesis der Medizin*, Reinbek 1977

Kayser, M., *Erst gehen die Schwestern, dann die Patienten*, in: Süddeutsche Zeitung v. 7. 5. 1922, S. 9

Kocher, G., *Teure Medizin*, Bern 1980

Kurbjuweit, D., *Pfusch mit Chancen. Bei der Pflegeversicherung droht ein fauler Kompromiß*, in: Die Zeit 8, 14. 2. 1992, S. 25

Opielka, M., Ostner, I. (Hg.), *Umbau des Sozialstaats*, Essen 1987

Papst, K., *«Jetzt bin ich alt». Zu Besuch in einem Ost-Berliner Seniorenheim*, in: zitty 7/92, S. 8–12

Rerrich, M., *Balanceakt Familie*, Freiburg 1990

Roemer, M., Shain, M., *Hospital utilization under insurance*, Chicago 1959

Rosenbaum, M., *Die ökonomische Indikation*, in: Geo 12/1991, S. 120–123

Schmidbauer, W., *Weniger ist manchmal mehr. Die Psychologie des Konsumverzichts*, Reinbek 1991

Ders., *Die subjektive Krankheit. Kritik der Psychosomatik*, Reinbek 1987

Sichrovsky, P., *Krankheit auf Rezept*, Köln 1984

Viefhues, H. (Hg.), *Lehrbuch Sozialmedizin*, Stuttgart 1981

Peter Jacobs

Das Recht der Medizin und die Pflicht der Pflege

Krankenpflege im Spannungsfeld von Recht, Politik und Berufspolitik

Die Krankenpflege als Spiegel der Sozialpolitik

Die Krankenpflege bietet ein aktuelles Beispiel dafür, wie ein Beruf unter dem Einfluß vieler verschiedener Faktoren verändert wird. Ausgelöst durch den «Pflegenotstand», der besser als Notstand der Pflegenden und der Patienten bezeichnet werden sollte, rückt die Bedeutung des Berufsrechts und damit verbunden der Einfluß politischer und berufspolitischer Größen auf den Beruf Krankenpflege in den Mittelpunkt. Jegliche Lösungsansätze und -vorschläge müssen diese Dimension berücksichtigen, wollen sie glaubwürdig sein. Vorschläge zur Lösung des «Pflegenotstands» von politischer Seite in den letzten zwei Jahren lassen aber genau diese Sichtweise vermissen – und gehen konsequenterweise an der Sache vorbei. Gleichgültig, ob es sich um den medienwirksamen Einsatz von Bundeswehrsoldaten in zivilen Krankenhäusern[1], die Einführung eines sozialen Pflichtjahres[2] oder den Einsatz von ausländischem Pflegepersonal[3] handelt: Allen Vorschlägen ist die gesellschaftspolitische Konzeptionslosigkeit angesichts eines Problems, das schon seit Jahren bekannt war und nicht zuletzt von den Berufsverbänden der Krankenpflege immer wieder erfolglos angemahnt wurde, gemein.

Verfahren wurde und wird nach dem alten, obwohl unbewährten Muster: Erst wenn – trotz aller Warnungen – das Kind in den Brunnen gefallen ist, erfolgen aufwendige und kostspielige Rettungsversuche.

Das Ergebnis lautet meist: Rettungsaktion durchgeführt, Patient tot. Es gibt derzeit keinen Anlaß, daran zu zweifeln, daß im Falle des «Pflegenotstands» anders vorgegangen wird. Die Diskussion um die Pflegeversicherung, das immer weiter ausgehöhlte Gesundheitsreformgesetz oder der Streit um die Anhaltszahlen (= wie viele Schwestern sind für wie viele Patienten notwendig) zeigen deutlich, worum es geht: um die Verteilung von Geld im Gesundheitswesen und damit auch um die Neuordnung bestehender Machtstrukturen. Der medizinisch-industrielle Komplex mit seinen mächtigen Lobbyisten in Bonn hat hier gegenüber den pflegenden Berufen und den Patienten die Nase eindeutig vorn. Jüngstes Beispiel ist die Selbstbeteiligung der Patienten an Medikamenten.

Wirksam verhindert wird eine Abwendung der drohenden Pflegekatastrophe aber auch durch das Verhalten der Patienten. Zwar geben die Bundesbürger in entsprechenden Befragungen seit Jahrzehnten an, daß für sie die Gesundheit das höchste Gut sei, dennoch wird mit schöner Regelmäßigkeit Jahr für Jahr mehr Geld beispielsweise in das Auto investiert als in die eigene Gesundheit.

Der Krankenschein als Kreditkarte zum (scheinbar) kostenlosen Selbstbedienungsladen Gesundheit? Jüngstes Beispiel: Wer sich durch übermäßigen Alkoholkonsum seine Leber funktionsuntüchtig getrunken hat und somit dem sicheren Tod entgegensieht, läßt sich via Transplantation ein neues Organ einbauen. Nebenbei sei bemerkt, daß der Staat am vorherigen Alkoholkonsum über die Branntweinsteuer kräftig mitverdient hat. Die Folgen trägt die vielzitierte Solidargemeinschaft der Krankenversicherten.

Diese wenigen Beispiele zeigen bereits, daß unser Gesundheitswesen außer Rand und Band geraten und kaum noch zu steuern ist. Ist es noch zu retten?

Die eigentlichen Probleme, die letztlich dafür verantwortlich sind, daß heute von einem «Pflegenotstand» gesprochen wird, sind überaus komplex: Die sogenannte Alterspyramide und die ständig steigende Zahl chronisch Kranker sowie die immer höher werdende Anzahl von Patienten, die beispielsweise nach operativen Eingriffen oder erfolgreich therapierten und damit überlebten Unfällen einer rehabilitativen Pflege und Betreuung bedürfen, erfordern eine entsprechende Anzahl von Fachleuten, die in der Krankenhauspflege, Gemeindepflege oder Altenpflege für die Wiedereingliederung dieser Patienten in das gesellschaftliche Leben sorgen. Hierbei handelt es sich fast ausschließlich um Berufsgruppen außerhalb der Ärzteschaft, die für ihre qualifizierte Arbeit entsprechend entlohnt werden müßten und die über notwendige Rahmenbedingungen für ihre Arbeit verfügen sollten.

Die kurative Medizin nähert sich dem Ende ihrer Möglichkeiten. Der Einsatz einer immer aufwendigeren Medizintechnik sowie die Durchführung immer größerer Operationen können nicht verbergen, daß neue Wege beschritten werden müssen. Nicht umsonst boomt der Berufsstand der Heilpraktiker wie nie zuvor. Gesundheitsprophylaxe muß betrieben werden. In einer Zeit, in der die Menschen augenscheinlich gesundheitsschädliche Verhaltensweisen nicht ablegen oder sich diese allem Wissen trotzend aneignen (der Anteil der Raucherinnen und der jugendlichen Raucher beispielsweise steigt ständig), bedarf es zahlreicher Fachleute. Noch ist nicht auszumachen, wer diese stellen soll. Zu stark ist der Druck der konservativen Medizin auf die Politik, als daß hier schon wirksame Schritte in Richtung einer krankheitsvermeidenden, somit gesundheitsfördernden Medizin eingeleitet werden könnten. Alternativmethoden werden immer noch angeprangert; die Zeit der Hexenverbrennung als letztes Mittel, unliebsame Nebenbuhler/innen aus dem Wege zu räumen, läßt grüßen.

Bringt man diese Tendenzen und Entwicklungen in einen Zusammenhang, so wird deutlich, daß die Situation der Krankenpflege Stellvertreterfunktion hat. Der «Pflegenotstand» ist eine Art Nebenkriegsschauplatz, um von den wahren Problemen einer desolaten Sozial- und Gesundheitspolitik abzulenken. Einer Politik im übrigen, die nichts weiter als das Spiegelbild derzeitiger gesellschaftlicher Vorstellungen ist. Wer mag sich schon einen 35jährigen Yuppie, der im schwarzen Benz, in Armani-Kleidung und mit stilechter Sonnenbrille im Porsche-Design durch die glitzernde Wirtschaftsmetropole fährt, als 70jährigen Greis vorstellen, der nach einem Schlaganfall fachkundige Hilfe braucht, um morgens gefüttert und abends in frische Pampers gewickelt zu werden? Die Zyniker unter uns pflegen spätestens an dieser Stelle darauf hinzuweisen, daß sich, wer genug Geld hat, auch heute — und in Zukunft — ausreichend qualifizierte Pflege wird leisten können.

Einer, der es am eigenen Leibe erfahren hat, ist der frühere Bundesinnenminister Schäuble, gegenwärtig Fraktionschef der CDU. In einem Interview hob er hervor, wie wichtig für sein körperliches und seelisches Wohlbefinden — und damit für seinen gesamten Heilungsprozeß — das erste Waschen der verschwitzten Haare durch einen Krankenpfleger war. Einprägsamer und deutlicher kann man den Wert von Pflege nicht darstellen. Umgekehrt ist auch klar, daß Herr Schäuble nicht zu jenen Patienten gehörte, die unter dem «Pflegenotstand» Mangel zu leiden hatten. Die Ironie des Schicksals wollte es übrigens, daß er, kaum wieder im Amt, als Verhandlungspartner bei der Tarifrunde 1991 als Arbeitgeber am Tisch saß. Ein Arbeitgeber, der auch über die Lohnerhöhungen des Krankenpflegepersonals zu entscheiden hatte. (Der Lohnabschluß blieb übrigens wieder einmal hinter den Tariferhöhungen der freien Wirtschaft zurück.)

Nimmt man also die Krankenpflege als Beispiel für Entwicklungen im Gesundheitswesen, für soziale Entwicklungen in unserer Gesellschaft, so muß im folgenden die Stellung der Krankenpflege in rechtlicher, politischer und – ihren eigenen Bereich betreffend – berufspolitischer Sicht ausgelotet werden.

Die Krankenpflege und ihre Rechtsgrundlage

Die gesetzliche Grundlage für den Bereich der Medizin und Krankenpflege ist das aus dem Jahr 1939 stammende Heilpraktikergesetz (HPG). In § 1 des HPG ist festgelegt, daß derjenige, der die Heilkunde ausüben will, ohne als Arzt bestallt zu sein, der Erlaubnis bedarf. Im zweiten Absatz dieses Paragraphen ist der Begriff «Ausübung der Heilkunde» definiert. Danach ist «...jede berufs- oder gewerbsmäßig vorgenommene Tätigkeit zur *Feststellung, Heilung oder Linderung von Krankheiten, Leiden oder Körperschäden* von Menschen» als Ausübung von Heilkunde zu verstehen[4] (Hervorhebung durch den Autor). Wer dies tut, ohne die Erlaubnis dafür zu haben, wird bestraft. Im Klartext bedeutet das nichts anderes, als daß nur Ärzte oder Heilpraktiker, die über die entsprechende Erlaubnis verfügen, Leiden von Menschen lindern dürfen. Eine Krankenschwester, die einen Patienten lagert, um ihm unnötige Schmerzen zu ersparen, trägt zweifelsfrei zur Linderung seines Leidens bei. Eine Krankengymnastin, die mit einem Patienten Übungen macht, trägt zur Linderung von Körperschäden bei. Diese Liste von Berufsgruppen, die nach dem Heilpraktikergesetz tätig werden, *ohne* als Arzt approbiert zu sein oder die Erlaubnis zur Ausübung der Heilkunde besitzen, ließe sich beliebig verlängern. In der Jurisprudenz und der Medizin spricht man von diesen Berufen, die alle meist eine mittlere Schulbildung und anschließende mehrjährige, anspruchsvolle Ausbildung voraussetzen, als Heil*hilfs*berufe. In einer Zeit, in der man zum Beispiel statt von Mülldeponien von «Wertstoffsammelstellen» spricht, sollte man auch darüber nachdenken, was die verbale Abqualifizierung von Spezialisten als medizinisches bzw. ärztliches Hilfspersonal für die Gewinnung des Berufsnachwuchses bedeutet.

Das Krankenpflegegesetz (KrPflG) und die Ausbildungs- und Prüfungsverordnung (KrPflAPrV) für die Berufe in der Krankenpflege helfen hier nicht weiter. Das Krankenpflegegesetz schützt lediglich die Berufsbezeichnungen «Krankenschwester», «Krankenpfleger», «Kinderkrankenschwester», «Kinderkrankenpfleger», «Krankenpflegehelferin» und «Krankenpflegehelfer». Es regelt darüber hinaus die Zugangsvoraussetzungen zum Beruf sowie die vorgeschriebene Ausbildung. Von zentraler Bedeutung ist dabei § 4 des KrPflG, in dem es unter anderem heißt:
«Die Ausbildung soll insbesondere gerichtet sein auf
1. die sach- und fachkundige, *umfassende, geplante* Pflege des Patienten,
2. die *gewissenhafte* Vorbereitung, Assistenz und Nachbereitung bei Maßnahmen der Diagnostik und Therapie,
3. die Anregung und Anleitung zu gesundheitsförderndem Verhalten,
4. die Beobachtung des körperlichen und seelischen Zustandes des Patienten und der Umstände, die seine Gesundheit beeinflussen, sowie die Weitergabe dieser Beobachtungen an die an der Diagnostik, Therapie und Pflege Beteiligten,
5. die Einleitung lebensnotwendiger Sofortmaßnahmen bis zum Eintreffen der Ärztin oder des Arztes,
6. die Erledigung von Verwaltungsaufgaben, soweit sie in *unmittelbarem* Zusammenhang mit den *Pflegemaßnahmen* stehen.» [5] (Hervorhebungen durch den Autor.)

Gerade aus diesem § 4 KrPflG versucht die Pflege, *eigene*, gesetzlich festgelegte Aufgaben in Abgrenzung zur Medizin herauszulesen. Dem steht jedoch entgegen, daß die Krankenpflege, wie bereits erwähnt, als Heilhilfsberuf definiert ist. Der Jurist Brenner drückt dies in seinem, an den meisten Krankenpflegeschulen benutzten Lehrbuch der Rechtskunde für Pflegepersonal so aus: «Im Zusammenhang mit der Behandlung des Patienten gibt es daher für das Krankenpflegepersonal *keinen arztfreien Bereich*» [6] (Hervorhebung im Original). Unter Berufung auf andere Juristen, die gleicher Auffassung sind, werden dann Beispiele für diese Aussage angeführt.

Aus der Formulierung «*geplante* Pflege» wird beispielsweise abgeleitet, daß Krankenpflege nach dem Pflegeprozeß, dem kybernetischen Regelkreis mit Planung und Durchführung einer Maßnahme sowie anschließender Erfolgskontrolle und gegebenenfalls Neuplanung, arbeiten muß. Dieses Modell beinhaltet natürlich auch eine eigene Dokumentation der pflegerischen Maßnahmen. Gegen diese Pflegedokumentation laufen noch immer viele Ärzte Sturm. Ihnen allein gebühre das Recht zu notieren, was mit dem Patienten zu geschehen habe, geschieht und geschehen ist. Dabei wurde erst kürzlich die Ungenauigkeit ärztlicher Dokumentation in bezug auf notwendige *Pflege* vom Bundesgerichtshof gerügt.[7] Gleichzeitig ist dieser Fall einer 63jährigen Patientin, die nach einem Schlaganfall ein Druckgeschwür durch langes Liegen erlitt, ein eindrucksvolles Beispiel dafür, wie die Krankenpflege juristisch entmündigt ist. Dem Arzt wurde vorgehalten, daß er die Risiken nicht ausreichend dokumentiert und die entsprechenden *pflegerischen* Maßnahmen demzufolge nicht angeordnet habe. Auf der anderen Seite trat bis heute die pflegerische Arbeit in Patientenakten nicht in Erscheinung. Seit Jahrzehnten werden Puls, Blutdruck und Temperatur, die Gabe von Medikamenten, Untersuchungen, Operationen und Laborwerte penibel durch Schwestern auf den sogenannten Fieberkurven verzeichnet. Ob ein Patient gewaschen wurde und wie (Ganzkörperwäsche, Teilwäsche, Hilfestellung beim Waschen), ob er mobilisiert wurde, sein Essen nur mit Hilfe des Pflegers einnehmen konnte, welche pflegerischen Maßnahmen getroffen wurden, um zu verhindern, daß er eine Lungenentzündung bekommt oder sich wundliegt, all diese *pflegerischen* Arbeiten fanden und finden sich nirgends verzeichnet. Das Pflegepersonal wirkt still und unauffällig im Hintergrund. Kein Wunder, daß Arbeit, die nicht in Erscheinung tritt, auch nicht adäquat honoriert wird – wobei es nicht nur um die materielle Seite geht. Immer noch bemißt sich die Qualität eines Krankenhauses an der ärztlichen Versorgung und nicht auch daran, wie gut ein hilfloser Patient gepflegt wird.

Geradezu pervers ist die in § 4 KrPflG gewählte Formulierung, die Ausbildung solle die *gewissenhafte* Vorbereitung, Assistenz und Nachbereitung bei ärztlichen Maßnahmen gewährleisten. Hier mußte offensichtlich einem ganzen Berufsstand per Gesetz ins Gewissen geredet werden, nur ja ordentlich zu arbeiten – und zwar lediglich im Zusammenhang mit Tätigkeiten des Arztes im Rahmen von Diagnostik und

Therapie. Dabei sind gerade die Krankenschwestern dafür bekannt, daß sie wegen ihrer übergroßen Gewissenhaftigkeit den Beruf schon nach durchschnittlich fünf Jahren wieder ausgebrannt verlassen.

Damit sind die juristischen Grundlagen für eines der größten Probleme in der Zusammenarbeit zwischen Ärzten und Krankenpflegepersonal aufgezeigt. Nach dem Verständnis der Juristen trägt allein der Arzt die *Gesamtverantwortung* für die Behandlung des Patienten. Da er aber nicht alle Maßnahmen persönlich durchführen kann, kommt an dieser Stelle das Delegationsrecht zum Tragen. Hierbei geht es um die Frage, welche an sich ärztlichen Arbeiten der Arzt an «Hilfsberufe» delegieren kann. Am Beispiel einer seit Jahrzehnten umstrittenen Frage, nämlich der nach der Zulässigkeit intravenöser Injektionen durch Krankenpflegepersonal, soll die juristische Grauzone zwischen Medizin und Pflege deutlich gemacht werden. Die Auswirkungen sind dabei keineswegs auf die bloßen rechtlichen Probleme zu beschränken. Die wahre Brisanz dieser Thematik liegt vielmehr auf dem Gebiet der Arbeitszufriedenheit und auf dem Felde ökonomischer Interessen.

Nach unzweifelhafter, einhelliger Auffassung von Juristen, Medizinern und Pflegekräften gehört die Verabreichung von Injektionen in den Verantwortungsbereich des Arztes. Nach der Stellungnahme der Bundesärztekammer aus dem Jahre 1974 zu diesem Problem, die immer noch Gültigkeit hat, «kann (der Arzt) mit der Durchführung dieser von ihm angeordneten Maßnahme sein medizinisches Assistenzpersonal beauftragen»[8]. Zieht man nun noch die KrPflAPrV zu diesem Problem zu Rate, so liest man bei der Aufzählung der theoretischen und praktischen Stunden im Unterrichtsfach Krankenpflege unter Punkt 8.7.3: «Injektionen, Vorbereitung von Venenpunktionen, Infusionen und Transfusionen»[9]. Diese Formulierung besagt für den Arbeitsalltag und für die tatsächliche Abgrenzung zwischen ärztlicher und pflegerischer Tätigkeit gar nichts; sie ist viel zu unspezifisch. Während bei anderen Tätigkeiten penibel zwischen *Vorbereitung* und Durchführung differenziert wird, stehen die Injektionen kommentarlos im Raum. Auch der Gesetzgeber wollte bei der Änderung des KrPflG und der KrPflAPrV im Jahre 1985 dieses heiße Eisen offensichtlich nicht anfassen. Somit verlagert sich das Problem auf den Klinikalltag.

Durch die Konstruktion, daß der Arzt zwar die Arbeit (sprich: Therapiemaßnahmen) anordnet – und nur für diese Anordnung trägt er die juristische Verantwortung –, diese Arbeit aber dann nicht selber durchführen muß, wird die rechtliche Grundlage dafür geschaffen, daß Arbeit delegiert werden kann. Damit sind wir aber bei einem der brisantesten Themen im Zusammenhang mit dem «Pflegenotstand» angekommen: Der Klage der Pflegenden über Arbeitsüberlastung und unbefriedigende Arbeitsbedingungen.

Die Krankenpflege und das Wohl der Patienten

Haben wir bisher gesehen, daß die rechtlichen Kunstgriffe im Medizinrecht geradezu ursächlich sind, eine Grauzone zwischen der Medizin und der Krankenpflege zu schaffen, so muß weiterhin nach den Auswirkungen dieser unklaren Situation auf die pflegerische Versorgung der Patienten gefragt werden. Dabei geht es auch um kritische Gedanken den Pflegenden gegenüber. Wenn sich das Krankenpflegepersonal heute nur allzugern als Opfer einer verfehlten Sozialpolitik sieht, so wird dabei häufig genug der eigene Anteil an dieser Misere übersehen.

Eines der Hauptkennzeichen der Krankenpflege besteht darin, daß sie in vielerlei Hinsicht eine Sonderstellung einnimmt und mithin auch von anderen Institutionen nicht nach den üblichen Regeln behandelt wird. Hierzu einige Beispiele: Der Deutsche Berufsverband für Pflegeberufe (DBfP) veröffentlichte in seinem Organ *Krankenpflege* ein Bildungskonzept für die Pflegeberufe.[10] Danach kann zum Beispiel die Lehrerqualifikation auf Wegen erreicht werden, die derzeit in Deutschland noch gar nicht gelegt sind.

Im Bundesangestelltentarif für die Beschäftigten des öffentlichen Dienstes gibt es für das Krankenpflegepersonal einen eigenen Teil, den sogenannten Kr-Tarif. Damit ist eine andere tarifliche Behandlung der Beschäftigten in der Krankenpflege möglich als für den Rest der öffentlich Bediensteten. Dies führte in der Vergangenheit zu entsprechenden Benachteiligungen nach dem Motto: Dienen statt Verdienen. Heute beeilt sich die ÖTV, darauf hinzuweisen, daß gerade diese Kr-Eingruppierung die Erhöhungen speziell für die Beschäftigten in der Krankenpflege im Jahr 1990 ermöglicht hätte und auch weiterhin Verbesserungen für diese Berufsgruppe ermöglichte. Da dies lediglich einen geringen Teil der Beschäftigten im öffentlichen Dienst betreffe, seien derartige Verhandlungsergebnisse leichter zu erreichen. Gleichzeitig wird die 1991 erfolgte Gründung einer eigenen Gewerkschaft «Pflege» heftig von der ÖTV kritisiert. Wichtigstes Argument dabei ist, diese neue Gewerkschaft führe zu einer Zersplitterung der Pflegekräfte. Den Funktionären der etablierten ÖTV scheint der Widerspruch nicht aufzufallen, der darin liegt, daß die ÖTV schon seit Jahrzehnten durch den Kr-Tarif eine Absplitterung der Pflegekräfte aus dem allgemeinen Tarifgefüge manifestiert hat. Lediglich der Druck einer sensibler gewordenen Öffentlichkeit hat hier erstmalig zu *Verbesserungen* für die Pflegenden geführt. Dabei wurde in Unkenntnis über die differenzierten Strukturen in der Krankenpflege so stümperhaft vorgegangen, daß es aus Unzufriedenheit zur Gründung einer Pflegegewerkschaft kam.

Arbeitspolitisch, juristisch und ökonomisch waren und sind Schwestern und Pfleger durch ihren überzogenen Anspruch erpreßbar. Der Satz «*Es geht doch um das Wohl der Patienten*» ist universell anwendbar. Dieser Satz dient anderen Berufsgruppen dazu, von Pflegenden jegliche Arbeiten zu verlangen, für die sich im Krankenhaus sonst niemand findet. Damit wird Krankenpflege nicht zu einem Beruf mit ausdifferenzierten Tätigkeitsmerkmalen oder gar einem auch für den Laien einprägsamen Berufsbild. Vielmehr handelt es sich um eine Ansammlung hauswirtschaftlicher Tätigkeiten, garniert mit etwas Verwaltungsarbeit und einigen (zuvor als delegierbar erklärten) ärztlichen Arbeiten zur innerbetrieblichen Imageaufbesserung.

An jenem Satz, diesmal von den Pflegenden benutzt, wird aber auch das Omnipotenzstreben in der Krankenpflege deutlich. Obwohl juristisch und damit gesellschaftlich lediglich der Arzt die Gesamtverantwortung für den Patienten hat, führen sich die meisten Pflegekräfte als eine Art «Patientengorilla» auf, als Beschützer von Patienteninteressen. Dies setzt naturgemäß voraus, daß ebendiese Patienten zunächst einmal entmündigt werden müssen, damit sie überhaupt einen Vormund brauchen. Klassisch drückt sich dies in der Dolmetscherfunktion der Schwestern zwischen Arzt und Patient aus. Sie ist diejenige, die dem Patienten erklärt, was der Arzt bei der Visite eigentlich gemeint hat. So beeilen sich die Ärzte auch, immer wieder darauf hinzuweisen, wie wichtig und wertvoll gerade diese Aufgabe der Pflegenden sei, anstatt das Naheliegende zu tun und endlich ihrer Rolle als Verantwortlicher auch auf der Ebene des Gesprächs und der Begegnung mit dem Patienten gerecht zu werden. Nicht zuletzt dieser immerwährende, ausgleichende Einsatz zwischen Patient und Arzt zerreibt viele Pflegende. Gleichwohl bringen sie es auch nicht fertig, sich aus diesem Dreiecksverhältnis zu lösen, denn: «Es geht schließlich um das Wohl des Patienten.»

Ihre schärfste Ausprägung erfährt diese Mittlerrolle der Krankenpflege bei dem Problem der Aufklärung von Patienten. Es gibt den juristischen Leitsatz: Das Krankenpflegepersonal hat kein eigenes Aufklärungsrecht dem Patienten gegenüber. Dies führt beispielsweise dazu, daß Pflegende todkranke Patienten pflegen müssen, denen die Diagnose nicht mitgeteilt wurde. Da aber nahezu alle Patienten, sofern sie nicht bewußtseinsgestört sind, spüren, was mit ihnen los ist, beginnen bald die bohrenden Fragen. Fragen, die natürlich an die Pflegenden gestellt werden, denn: «Der Kontakt der Patienten zu dem Pflegepersonal wird, durch Häufigkeit und eine geringere Hemmschwelle bedingt, leicht besser und intensiver sein als der zu den Ärzten», wie es ein bekannter Jurist einmal formulierte [11]. Dies führt dann dazu, daß die Pflegenden es vermeiden, allzuoft zu diesen Patienten zu gehen oder gar mit ihnen ins Gespräch zu kommen. Zu groß ist die Gefahr, sich bei entsprechenden, unverhofft gestellten Fragen der Patienten zu versprechen. Statt Hinwendung zum Patienten wird hier also das genaue Gegenteil, die Abkehr aus Angst vor den Konsequenzen provoziert.

Gerade an der Aufklärungsfrage, wird deutlich, wie juristische Kunstgriffe und Feinheiten die Grauzone im Arbeitsalltag zwischen Ärzten und Pflegenden verstärken. Einerseits gilt: Das Pflegepersonal hat «keinerlei Aufklärungspflicht, aber auch kein Aufklärungsrecht gegenüber dem Patienten» [12] (Hervorh. im Original), andererseits mutet man ihm zu, daß «etwa eine erfahrene Pflegekraft, die beim Aufklärungsgespräch zwischen Arzt und Patient anwesend war, ärztliche Angaben auf Nachfragen des Patienten verdeutlichen (kann)». Weiter schreibt der gleiche Jurist: «Allerdings ist hier größte Vorsicht geboten. Eigenständige Interpretation oder gar Ergänzung der ärztlichen Angaben durch das Pflegepersonal ist unzulässig.» [13] (Hervorh. durch den Autor)

Ein Beruf, dessen Aufgaben so charakterisiert werden – und die intravenösen Injektionen sowie die Aufklärung sind lediglich zwei Beispiele von vielen –, wird in der heutigen Zeit keinen Nachwuchs mehr erhalten. Damit ist beispielhaft umrissen, woraus sich die krankenpflegerische Arbeit zusammensetzt: aus Tätigkeiten, die andere Berufsgruppen nicht ausüben wollen. Gleichzeitig behalten diese Gruppen aber die Verantwortung über die entsprechenden Tätigkeiten. Damit darf die Krankenpflege noch nicht einmal über das, was sie tut, selbst bestimmen.

Ein Beispiel hierzu aus dem nichtärztlichen Bereich ist die Arbeit der Krankengymnasten. An den meisten Krankenhäusern arbeiten Krankengymnasten montags bis freitags. Am Wochenende wird gar nicht oder mit stark verminderter Kapazität gearbeitet, so daß Lücken in der Patientenversorgung auftreten. Dies hilft den Krankenhausträgern Kosten sparen, den Beruf Krankengymnast/in macht es von der Arbeitszeit her attraktiver. Da aber unumstritten ist, daß gerade gymnastische Übungen mit ihrem stark rehabilitativen Charakter regelmäßig durchgeführt werden müssen, fordert man von den Schwestern und Pflegern, daß sie am Wochenende und an den Feiertagen diese Übungen mit den Patienten durchführen. Geschieht dies wegen Überlastung nicht, wird vorwurfsvoll reagiert oder gar dem Patienten gegenüber geäußert, daß die Schwestern wohl mal wieder keine Zeit für ihn gehabt hätten. Das geradezu Groteske an diesem Beispiel ist, daß die Pflegenden sich deshalb tatsächlich Schuldvorwürfe machen. Damit haben wir in der Pflege die einmalige Situation, daß sich ein Beruf für die Unzulänglichkeiten eines anderen Berufes verantwortlich macht.

Die Krankenpflege
und die (Krankenhaus-)Hierarchie

Viele Pflegende können das Wohl des Patienten allerdings nicht so konsequent im Auge haben, wie sie es häufig darstellen. Ginge es ihnen tatsächlich ausschließlich darum, dürften nicht so viele von ihnen den Beruf verlassen. Wer sich einer Situation durch Kündigung entzieht, verweigert den Kampf um Verbesserung. Dabei geht es zunächst und vor allem um Verbesserungen für die Pflegenden selbst. Erst deren Durchsetzung würde auch Verbesserungen für die Patienten nach sich ziehen.

Das Krankenhaus versteht sich immer noch nicht als das, was es ist: ein moderner Dienstleistungsbetrieb. In einem solchen Betrieb aber gilt das Motto: Der Kunde ist König. Im Krankenhausbetrieb jedoch ist der Kunde (sprich: der Patient) das unterste Glied in einer ausgeklügelten Hackordnung, die von den Ärzten über die Pflegekräfte bis hin zum Patienten reicht. «Ich halte lieber den Mund, damit mir keine Nachteile entstehen», ist ein vielzitierter Patientensatz. In Ärztekreisen schüttelt man verwundert den Kopf darüber, daß immer mehr Patienten ihre Rechte einklagen. Vielleicht gäbe es weniger gerichtliche Auseinandersetzungen *nach* der Behandlung von Patienten, wenn diese *während* ihrer Behandlung ernster genommen würden.

Soziologen haben sich bereits vor zwanzig Jahren ausführlich mit pathologischen Beziehungsstrukturen auf Krankenhausstationen befaßt. Im Zusammenhang mit dem «Pflegenotstand» gewinnt auch dieses Thema wieder an Bedeutung. In einem jüngst erschienenen Artikel definiert eine Soziologin die Hauptakteure unter der Überschrift «Who is who im Mikro-Patriarchat?» so: «*Der Arzt:* der männliche Familien- und Haushaltsvorstand, der alle Grundsatzentscheidungen nach innen und nach außen trifft, häufig außer Haus ist, um sich den notwendigen Geschäftskontakten zu widmen, den Ernst der Welt draußen kennt und sie nach innen repräsentiert.

Die Pflege: sich um Erziehung und Ordnung kümmern, mal ermahnen, mal trösten, dafür sorgen, daß die Kleinen brav ihren Lebertran nehmen, immer schön aufessen und nicht so eine Unordnung machen.

Die Patienten: Pflegekinder ohne eigenes Zuhause oder schwererziehbare Kinder, die von der Stationsfamilie aufgezogen bzw. richtig erzogen werden sollen und noch sehr klein sind.» [14]

Genauso miefig, wie es hier anklingt, ist der Alltag auf den meisten Stationen in den deutschen Krankenhäusern noch heute. Ein attraktiver Arbeitsplatz für Jugendliche?

In der medizinjuristischen Nomenklatur gibt es die Begriffe der horizontalen und der vertikalen Arbeitsteilung. Verknüpft sind diese Begriffe mit der Frage nach dem Vertrauensgrundsatz, also der Frage: Wem darf ich wann und wieweit in der Zusammenarbeit vertrauen? Diese Begriffe mußten vor allem für die Zusammenarbeit der verschiedenen medizinischen Disziplinen am Patienten entwickelt werden. Paradebeispiel hierfür sind die Grundsätze in der Zusammenarbeit zwischen dem Operateur und dem Anästhesisten. Beide arbeiten gleichzeitig an einem Patienten, womit sich die Frage erhebt, wer schuld ist, wenn etwas während der Operation passiert. Da es sich hierbei um eine horizontale Arbeitsteilung handelt, also um die Teilung von Arbeit zwischen zwei Gleichgestellten, darf der Chirurg darauf vertrauen, daß der Anästhesist seine Arbeit richtig macht und umgekehrt.

Anders bei der vertikalen Arbeitsteilung, wenn also ein Arzt und eine Krankenschwester ihre Arbeit am Patienten verrichten. Es gilt der Satz: Bei der vertikalen Arbeitsteilung gibt es *keinen* Vertrauensgrundsatz. Es gilt vielmehr das Prinzip der Kontrolle in dem Über- bzw. Unterordnungsverhältnis «Arzt – Schwester». Obwohl dieser Grundsatz lediglich auf die medizinische Versorgung angewendet werden kann, hat dies auch zur Folge, daß sich Ärzte immer wieder in den organisatorisch-disziplinarischen Bereich der Pflege hineindrängen wollen. Die starre, von Standesdünkeln geprägte Hierarchie im Krankenhaus verhindert die Einführung moderner Managementmethoden, bremst Verbesserungen in der Organisation und schraubt die Kosten im Gesundheitswesen unweigerlich in die Höhe.

Im ambulanten Bereich führt die Hierarchie, verbunden mit überholten sozialgesetzgeberischen Bestimmungen, zu absurden Situationen. So müssen Gemeindeschwestern für notwendige Pflegeartikel die Rezepte beim jeweiligen Hausarzt abholen. Statt günstiger und auch notwendiger Großpackungen werden dann Einzelpackungen rezeptiert, um öfter Rezepte ausstellen zu können. Darüber hinaus führen in der ambulanten Pflege die oben dargelegten Regeln in der Zusammenarbeit Medizin – Pflege dazu, daß letztlich der Arzt darüber bestimmen kann, ob und welche Pflegemittel eingesetzt werden sollen. Dies, obwohl er selber damit nicht arbeitet.

Ein Beispiel dafür, welche Auswirkungen diese seltsame Mischung aus juristisch verankertem Primat der Medizin über die Pflege, überholtem ärztlichem Standesdenken und starrer Hierarchie erzeugt, schilderte der Jurist Böhme in der Zeitschrift *pflege ambulant*.[15] Einer Patientin mit unklarer Diagnose wurde wegen starker Schmerzen ein Katheter in den Lumbalraum gelegt. Um die Patientin in ihrer häuslichen Umgebung pflegen zu können, sollten ihr schmerzlindernde Mittel in das Rückenmark injiziert werden. Der Arzt wollte diese Maßnahme, die nicht zu den Tätigkeiten einer Krankenschwester gehört, an die Gemeindeschwester delegieren. Diese weigerte sich unter anderem wegen der möglichen Komplikationen. Die Situation eskalierte bis zu dem Punkt, daß der Hausarzt die Schwester mit der Patientin allein ließ, *ohne* die Injektion vorgenommen zu haben. Um der Patientin die Einweisung in das Krankenhaus zu ersparen und ihr den Wunsch erfüllen zu können, weiterhin in ihrer häuslichen Umgebung zu bleiben, injizierte die Gemeindeschwester das Schmerzmittel – es ging ja schließlich um das Wohl der Patientin. Neben den moralischen Implikationen dieses Beispieles ließe sich nicht ohne Zynismus fragen: Wer wird wohl diese Injektion bei der Krankenkasse abgerechnet haben?

Die Krankenpflege arbeitet aber auch in sich nach einem überkommenen hierarchischen System. So lassen sich viele Pflegedienstleiterinnen, obwohl keineswegs in einer Ordensgemeinschaft, als «Oberinnen» titulieren oder müssen laut Arbeitsvertrag diesen Titel tragen. Bei der Schwesternschaft des Deutschen Roten Kreuzes gibt es den Titel einer «Generaloberin». Die Berufskleidung, auch «Schutzkleidung» genannt, die Schwestern und Pflegern von den Arbeitgebern gestellt wird, gleicht Uniformen. Überhaupt ist zu fragen, warum eine einheitliche, die Persönlichkeit reduzierende Kleidung verlangt werden muß. Die oft – auch von Pflegenden – angeführten hygienischen Gründe entbehren jeder Grundlage. Bei entsprechenden Tätigkeiten könnten Arbeitsschürzen vorgebunden und anschließend wieder abgelegt werden. Dies wäre ohnehin hygienischer als Kittel, die den ganzen Tag (oder länger) getragen werden. Schmuck ist verpönt, weil damit angeblich Verletzungsgefahren für die Patienten verbunden sind. Lackierte Fingernägel gehören sich einfach nicht für eine Krankenschwester im Dienst, wobei man sich in diesem Fall nicht einmal mehr die Mühe macht, eine scheinbar sachliche Begründung zu geben.

So werden unter dem Hinweis auf vermeintliche Konsequenzen (Hygienefehler = Haftpflichtprozeß) aus jungen Mädchen uniforme, möglichst geschlechtsneutrale Wesen gemacht; dies in einem Zeitalter, das geprägt ist von einer modischen Jugendkultur, in der Farbe, Form und Vielfalt Trumpf sind. Werbebroschüren für die Pflegeberufe zeigen denn auch vorwiegend junge, dynamische Menschen – in Zivilkleidung – und vermeiden möglichst, dieselben Menschen in Schwestern- oder Pflegerkleidung abzubilden. Aus guten Gründen: Das Geld für die teuren Hochglanzbroschüren könnte man sich dann gleich sparen.

In diesem Zusammenhang muß noch ein Wort zur Schwesternhaube fallen. Außerhalb der Ordensgemeinschaften, der Diakonie und der Schwesternschaft des Deutschen Roten Kreuzes sind die Hauben passé. Dies mag, insbesondere vor dem Hintergrund der eben getroffenen Aussagen zur Uniformität deutscher Schwestern, logisch sein. Und dennoch gibt es ein Problem, dem sich die Krankenpflege bei der Diskussion um die Schwesternhaube nicht stellt: Die Schwesternhaube war (und ist) für die Patienten ein äußerliches Symbol, mit dem ein Berufsstand identifiziert wurde. Die Pflegenden selbst haben das Für und Wider um die Haube bis zum Überdruß zerredet. Die einen lehnen die Haube als Merkmal der Unterdrückung ab; für die anderen ist sie «zum Phantom einer Berufsgruppe geworden, die sich dagegen zur Wehr setzen muß, an die Peripherie der Entscheidungen im Krankenhaus zurückgedrängt zu werden, die zwar Hauptträger der Funktionen eines Krankenhauses ist, jedoch immer weniger betriebliche Entscheidungskompetenzen zugebilligt bekommt» [16].

Mit der Haube besaß die Krankenpflege ein wichtiges Instrument: Ein äußerliches Identifizierungsmerkmal für einen ganzen Berufsstand. Ähnlich einprägsame Insignien besitzen nur so klassische Berufe wie die Ärzte (weißer Kittel), die Juristen (Talar) oder die Priester (Ornat). Die Krankenpflege hat zwar, von den erwähnten Gruppen abgesehen, die Haube abgeschafft, sie hat aber den Verlust dieses Symbols nicht ausgeglichen. Dieser Ausgleich hätte beispielsweise auf der inhaltlichen Ebene stattfinden müssen: durch die Schaffung eines eindeutigen Berufsbildes, das auch dem Patienten, den anderen Berufsgruppen im Gesundheitswesen und den potentiellen Interessenten für diesen Beruf verständlich gemacht hätte, was Krankenpflege eigentlich beinhaltet. Dies ist nicht geschehen. Gleichzeitig entlarvt die Abschaffung der Haube das Gerede um die hygienische Notwendigkeit von Schwesterntrachten als Lüge. Denn wenn es ein wirkliches Hygieneproblem in der Pflege und Medizin gibt, dann sind es die Haare. So wird in den entsprechenden Abteilungen wie zum Beispiel im Operationssaal auch ein Kopfschutz getragen – und zwar von allen Beschäftigten.

Ebenso antiquiert wie die Bezeichnung Oberin für Pflegedienstleiterinnen oder wie die Berufskleidung – immer noch als «Tracht» bezeichnet – ist die Berufsbezeichnung «Krankenschwester», «Krankenpfleger». Diese, wie oben dargelegt, gesetzlich geschützten Bezeichnungen sind längst nicht mehr zeitgemäß. Bei der Änderung des Krankenpflegegesetzes im Jahre 1985 wurde versäumt, hier moderne, dem künftigen Aufgabenbereich entsprechende Berufsbezeichnungen festzulegen. Pflege beinhaltet heute schon weit mehr als Kranken-Pflege. Die Pflege kranker Menschen innerhalb und außerhalb der Krankenhäuser ist nur *ein Teilbereich* der Pflege. Die Betreuung von Menschen, die zwar ein chronisches Leiden haben, damit aber bei Beachtung bestimmter Regeln und unter Umständen mit bestimmten Hilfeleistungen durch fachkundige Pflegerinnen und Pfleger ein erfülltes Leben führen können, wird immer wichtiger. Die Betreuung alter Menschen stellt schon heute *das* Problem der Zukunft dar. Zuständig dafür sind «Krankenschwestern» und «Altenpflegerinnen» – gleichsam als seien alle alten Menschen krank oder eben dahinsiechende «Alte». In diesen Berufsbezeichnungen steckt mehr als nur der Muff von tausend Jahren.

Das hierarchische System in und um die Krankenpflege hat daneben auch noch äußerst gefährliche Auswirkungen. Die harmloseste Ausprägung ist der Gehorsam gegenüber dem Arzt im Krankenhaus. Da werden viele ärztliche Tätigkeiten ausgeführt, obwohl dies gar nicht erlaubt ist und obwohl die Pflegenden unter Umständen nicht über die genügende Sachkenntnis verfügen. Insbesondere nachts kommt es in deutschen Krankenhäusern zu absurden Situationen. Da werden zum Beispiel Blutkonserven gegeben, obwohl Juristen, Ärzte und die Berufsverbände der Krankenpflege der einstimmigen Auffassung sind, daß es sich hierbei um eine *nicht delegierbare* ärztliche Tätigkeit handelt. Aber: Wer möchte schon einen diensthabenden Arzt wegen einer Konserve wecken? Da ist es einfacher, man setzt den Patienten einem erhöhten Risiko für sein Leben aus: «Wird schon schiefgehen.» Im selben Atemzug wird dann aber wieder über die völlige Überlastung geklagt, die es nicht erlaubt, die *eigentliche Pflege* wahrzunehmen.

Eine Arbeitsüberlastung anderer Art formulierte die Münchener *Abendzeitung* in einer Schlagzeile am 18. Juni 1988: «Schwestern-Protest gegen Schikanen der Ärzte. Das Kaffeekochen ist oft wichtiger als die Pflege der Kranken.» Weit gravierender hat sich der Gehorsam der Schwestern und das fast militärisch anmutende System der Krankenhaushierarchie im Nationalsozialismus ausgewirkt. Im Jahre 1965 fand in München der größte Prozeß wegen Tötung von Patienten im «Dritten Reich» gegen Krankenschwestern statt. Auf die Frage des Richters, ob sie sich denn keine Gedanken über die ärztliche Anordnung zur Gabe von Medikamenten in tödlicher Dosierung gemacht habe und ob sie glaube, daß so etwas rechtens sei, antwortete eine der 13 Angeklagten: «Ja. (…) Aber wir hatten gehorsam zu sein und die Anordnungen des Arztes auszuführen.» [17]

Wer glaubt, dies sei der alte Schnee von gestern, der sei an den Lainz-Prozeß 1991 erinnert. Im Abschlußbericht zu diesem Prozeß hieß es in der Zeitschrift *Profil* u. a.: «Die vier Frauen sind durchaus unauffällige Menschen, die individuelle Belastung ihrer Persönlichkeit liegt im Schwankungsbereich der Norm. Zu dieser Norm gehört vor Gericht offenbar im Wortsinn ‹fraglos›, daß das Pflegepersonal für Alte und Sieche in der sozialen Hierarchie ganz unten gereiht ist, während die das defekte System mitverantwortenden (und ausnützenden) Ärzte ganz oben rangieren: ein freies Feld für jede Sündenbock-Strategie.» [18]

Der Arzt Thomas Meisl schrieb in seinem Kommentar zu Lainz: «Alles, was im Prozeß nur angerissen wurde, ist dem Arzt zutiefst vertraut: Handlungsabläufe ohne Kompetenzverteilung, entscheidungslose Arbeitsteilung bis zur lawinenartigen Zunahme der Mißstände. (…) Nicht nur böse Erinnerungen drängten sich auf, sondern bestimmte Verhältnisse haben sich zuwenig geändert.» [19]

Die Krankenpflege –
Opfer politischer Interessen?

Die Krankenpflege befindet sich rechtlich und berufspolitisch in einer Zerreißprobe. Für die Pflege unklare, unlogisch erscheinende und als berufliche Disziplinierung empfundene juristische «Spiegelregeln» einerseits und die berufspolitisch zementierte Hierarchisierung andererseits bedrohen diesen Beruf; er droht auszubluten (durch Berufsflucht) und zu vertrocknen (durch mangelndes Interesse der Berufssuchenden). Damit aber nicht genug! Es hat darüber hinaus den Anschein, als wäre der «Pflegenotstand» den Politikern ein willkommenes Mittel, die übermächtige Ärzteschaft zu disziplinieren.

Seit Jahren schon wird der Abbau von Krankenhausbetten gefordert – meist mit wenig Erfolg. Der Mangel an Pflegepersonal zwingt jedoch immer mehr Kliniken, ihre Bettenzahl zu reduzieren oder Stationen in Tageskliniken umzuwandeln. Und obwohl diesen Maßnahmen, die einem möglicherweise vorübergehenden Engpaß geschuldet sind, keine politischen Entscheidungen zugrunde liegen, wird nun auch den Ärzten die Streichung von Planstellen angedroht, da ja nicht mehr die volle Arbeitsauslastung gegeben ist. Dies führt zu unerträglichen Zuständen in den Kliniken. Während auf der einen Seite wegen Mangel an Pflegekräften Stationen geschlossen oder Operationszahlen reduziert werden müssen, unternehmen auf der anderen Seite die Ärzte alles, um den Rückgang von Patientenzahlen zu verhindern. Da werden dann plötzlich die Ärzte im Praktikum als Pfleger eingesetzt, und Studenten im praktischen Jahr verrichten Schwesternarbeit. Gleichzeitig wird die Auseinandersetzung zwischen Politikern und Ärztefunktionären in die Krankenhäuser verlagert. Hier finden wir dann wieder den erprobten Prügelknaben und Sündenbock: die Pflegekräfte.

Der Streit zwischen Ärzten und Krankenpflegepersonal, der sich beispielhaft an der Diskussion um die Delegation ärztlicher, also sogenannter berufsfremder Tätigkeiten an das Pflegepersonal in den Krankenhäusern entzündet, ist ein Stellvertreterkrieg. Anstatt sich miteinander gegen eine unzulängliche Gesundheitspolitik zu solidarisieren, klagen sich Ärzte und Schwestern immer häufiger gegenseitig an. Wie sehr sie dabei von den Politikern in die Pfanne gehauen werden – und an dieser Stelle paßt nur dieser saloppe Ausdruck –, zeigt ein Beispiel aus München: Medienwirksam beschloß der rot-grüne Stadtrat der Landeshauptstadt, die Chefarztgehälter nach oben hin zu begrenzen. Erspartes soll dabei nicht zuletzt den Schwestern zugute kommen, wobei natürlich nicht geklärt ist, wie und in welcher Form dies geschehen soll. Damit käme es aber nicht zu einer materiellen Anerkennung der Pflegeberufe schlechthin, wie dies erforderlich wäre. Es geht vielmehr einzig darum, durch ein ausgeklügeltes System von Zulagen werbewirksame Sonderleistungen für Pflegepersonal zahlen zu können. Den Pflegenden gaukelt dies höhere Bezahlung vor. Ist der personelle Engpaß erst überwunden, können derartige Zulagen wieder gestrichen werden. Im übrigen bleibt den Patienten respektive den Beitragszahlern der Krankenkassen verborgen, was Pflege wirklich kosten muß.

Deutlich zeigt sich das ambivalente Verhalten der Politiker an den staatseigenen Kliniken, den Universitäten. Schon die Tatsache, daß es an diesen Kliniken in erster Linie um Forschung und Lehre geht, die Behandlung und Pflege von Patienten also sekundär ist, so als sei dies wirklich voneinander zu trennen, zeigt die Richtung an. Lehre und Forschung dienen dem Akademikerberuf der Mediziner. Mit und durch Lehre und Forschung werden – einträgliche – akademische Karrieren gemacht. So ist es auch zu erklären, daß gerade an diesen Kliniken jedes Arbeitsrecht mißachtet wird. Wer als aufstrebender Mediziner nur 38,5 Stunden pro Woche arbeitet, kann sich seine berufliche Zukunft in den Wind schreiben. Der Druck, unter dem Assistenzärzte ihren Dienst versehen, ihre Facharztausbildung absolvieren und an ihrer Karriere arbeiten, ist fast unerträglich (vgl. S. 140ff). Die Bezahlung ist im übrigen, entgegen der öffentlichen Meinung, die einige Großverdiener im Krankenhausbereich und den Praxisarzt mit den Medizinern schlechthin gleichsetzt, keineswegs üppig. Allerdings hat der junge Mediziner, so er dieses System durchsteht, Aufstiegschancen und damit die Aussicht auf entsprechenden Verdienst. Dieses Ausbildungssystem führt dazu, daß die Ärzte einen 24-Stunden-Betrieb aufrechterhalten, dem die anderen Berufsgruppen im Krankenhaus nicht folgen – mit Ausnahme der Pflege natürlich. So kommt es, daß von den Pflegenden ein Einsatz verlangt wird, der dem des karriereorientierten Arztes entspricht. Überstunden, Rufbereitschaften, Verzicht auf die geplante Freizeit sind die selbstverständlichen Forderungen. Daß die Pflege hier nicht mehr in dem Ausmaß mitmacht, wie dies früher der Fall war, verdankt sie ihrer geschulten Beobachtungsgabe: Immer mehr Berufsgruppen im Krankenhaus verabschieden sich nämlich am Freitagmittag ins wohlverdiente Wochenende und lassen eine Klinik hinter sich, in der nur noch geisterhaft die Mediziner und das Pflegepersonal ihren Tanz um die Patienten aufführen. Bestenfalls der Hausmeister ist noch telefonisch erreichbar.

Wie schnell der «Pflegenotstand» zur Verschleierung der Wahrheit herangezogen wird, zeigen die Vorgänge um die international renommierte toxikologische Station der Technischen Universität in München. «Schließung wegen Pflegepersonalmangel» hieß es da. In Wirklichkeit offenbarte sich jedoch ein Sumpf von Intrigen und Machtkämpfen zwischen Politikern und hochrangigen Ärztevertretern. Längst war Pflegepersonal in ausreichender Menge vorhanden, um die Station wiederzueröffnen.[20]

Der Druck der Politik zeigt sich auch noch auf einer anderen Ebene. Besonders im Bereich der Lokalpolitik wirkt sich eine negative Berichterstattung über das örtliche Kreiskrankenhaus schlecht aus. Gute Nachrichten müssen her. So liest man folgerichtig darüber, daß am eigenen Krankenhaus kein «Pflegenotstand» herrsche und alle Stellen im Pflegedienst besetzt seien. Kundige wissen längst, wie dies möglich ist. Die Meldung von der Pflege-Front: «Alle Stellen besetzt» sagt nämlich nichts darüber aus, mit *wem* diese Schwesternstellen besetzt sind. Handelt es sich dabei um dreijährig ausgebildete Krankenschwestern und -pfleger? Um ungelerntes Personal oder Studenten? Alles wird in einen Topf geworfen, um eine Erfolgsmeldung verkünden zu können. Damit wird dem qualifizierten Pflegepersonal zugleich die frohe Botschaft verkündigt: Eure Qualifikation ist so beschaffen, daß jeder, auch ohne entsprechende Ausbildung, pflegerisch tätig werden kann.

Ähnliches wird auch mit dem Einsatz ausländischer Pflegekräfte praktiziert. Eine deutsche Krankenschwester, die im Ausland arbeiten will, hat überall zunächst einmal Zeugnis über ihre entsprechenden Sprachkenntnisse abzulegen, bevor sie eine Arbeitserlaubnis erhält. Das ohnehin breite Tätigkeitsfeld der Schwestern und Pfleger wird jedoch hierzulande um eine Variante bereichert: Neben dem Einarbeiten der ausländischen Mitarbeiter müssen die Pflegenden nicht selten als Sprachlehrer herhalten. Den Vogel an politischer Instinktlosigkeit schossen dabei der Personalreferent und der Krankenhausreferent der Landeshauptstadt München ab. Beide bemühten sich zum Flughafen München-Riem, um die ersten jugoslawischen Krankenschwestern per Handschlag zu begrüßen. Wen wundert es da noch, wenn das (heimische) Krankenpflegepersonal den Aufstand probt?

Anmerkungen

1 *Notstand in Münchner Kliniken: Soldaten als Krankenschwestern*, Abendzeitung München vom 15. Juli 1988

2 *Soziales Jahr für alle jungen Frauen. CDU-Experte will den Pflege-Notstand durch Verpflichtung lösen*, Abendzeitung München vom 8. August 1988

3 *Krankenschwestern aus Ungarn. In Bayern werden 4200 zusätzliche Kräfte gebraucht*, Süddeutsche Zeitung vom 29. Juli 1989

4 Zitiert nach: Bockelmann, P.: *Strafrecht des Arztes*, Stuttgart 1968, S. 1

5 Vgl. hierzu im Detail Kurtenbach et al.: *Krankenpflegegesetz mit Ausbildungs- und Prüfungsverordnung für die Berufe in der Krankenpflege*, Stuttgart, 2. Aufl. 1987

6 Brenner, G., u. M. Adelhardt: *Rechtskunde für das Krankenpflegepersonal*, Stuttgart, 3. Aufl. 1987, S. 319

7 Bundesgerichtshof: Dokumentation eines spezifischen Pflegebedürfnisses. Urteil vom 18. März 1986 – VI ZR 215/84, in: *Medizinrecht*, 4, S. 324–325 (1986)

8 Stellungnahme des Vorstandes der Bundesärztekammer vom 16. Februar 1974 zur Vornahme von Injektionen, Infusionen und Blutentnahmen durch Angehörige der medizinischen Assistenzberufe

9 Kurtenbach et al.: a. a. O., S. 35

10 Deutscher Berufsverband für Pflegeberufe: *Bildungskonzept für Pflegeberufe*, in: Krankenpflege, 44, Heft 2/1990, S. 87 ff

11 Kern, B.-R.: *Die Selbstbestimmungsaufklärung unter Einbeziehung des nichtärztlichen Pflegepersonals*, in: Heberer/Opderbecke/Spann (Hg.): *Ärztliches Handeln – Verrechtlichung eines Berufsstandes. Festschrift für W. Weißauer zum 65. Geburtstag*, Berlin 1986, S. 82

12 Schneider, A.: *Die Aufklärung von Patienten aus juristischer Sicht*, in: Deutsche Krankenpflege-Zeitschrift, 39, Heft 5/1986, S. 355

13 Schneider a. a. O.

14 Niemeyer, S.: *Wenn die Motivation im Stationsmief zu ersticken droht... Denkanstöße zum Job-Design im Stationsbereich*, in: krankenhaus umschau, Heft 8/1991, S. 620

15 Böhme, H.: *Eigenständigkeit der ambulanten Pflege – Der arztfreie Raum*, in: pflege ambulant, 1, Heft 1/1990, S. 43 f

16 Sieber, G.: *Krankenpflege-Report. Betten in Reih und Glied*, Köln 1974, S. 123

17 *Krankenpflegerinnen halfen beim Töten*, Süddeutsche Zeitung Nr. 45 vom 23. Februar 1965

18 Yvon, P.: *Schuld und Bühne*, in: Profil Nr. 14 vom 2. April 1991, S. 66

19 Meisl, Th.: *Friedensverbrechen*, in: Profil Nr. 14 vom 2. April 1991, S. 68

20 *Wenn sich der Kranke als Kaninchen verkleiden muß*, Süddeutsche Zeitung vom 12. September 1991

Zur Situation
der Pflegenden

Annemarie Bauer und Katharina Gröning

Pflegenotstand – Frauennotstand

Wer sich heute angesichts eines zum Zerreißen gespannten sozialen Netzes fragt, warum die durchschnittliche Verweildauer von Krankenschwestern in ihrem Beruf nur circa drei Jahre beträgt, warum immer weniger junge Frauen sich für Sozial- und Pflegeberufe entscheiden, warum in Krankenhäusern und Pflegeeinrichtungen zunehmend nicht- und geringqualifiziertes Personal arbeitet, warum die Träger der Pflegeeinrichtungen bei dem Gedanken an die Konsequenzen, die durch die Verkürzung des Zivildienstes auf sie zukommen, ins Schwitzen geraten – wer diesen Fragen nachgeht, wird sofort erkennen, daß der Pflegenotstand kein isoliertes Problem darstellt.

Das Fehlen von qualifizierten Frauen und Männern in Krankenhäusern, Pflegeeinrichtungen, sozialpädagogischen Institutionen, Sozialstationen oder Rehaeinrichtungen ist die Spitze eines Eisberges. Unter der Oberfläche erkennt man eine verfehlte, oder besser: fehlende Gesundheitspolitik, das Scheitern sozialpolitischer Konzepte, die die Rückverlagerung öffentlicher Leistungen in die Familie propagierten, und schließlich auch die Aufkündigung eines Geschlechtervertrages, der den Frauen das Haus und damit das Dienen, Helfen und Pflegen zuwies.

Von den Frauen in der Pflege und damit von den gesellschaftlichen Bedingungen des Pflegenotstandes, vom Zusammenspiel des weiblichen Geschlechtscharakters mit Funktionen und Strukturen im Gesundheitswesen und schließlich von den Motiven zu helfender Arbeit soll in den folgenden Überlegungen die Rede sein.

Indessen gilt, daß Lösungsansätze für den Pflegenotstand in in den Zuständigkeitsbereich der Politik und der Tarifparteien fallen. Es geht hierbei um Innovationen, um die Schaffung von wirklich neuen Ansätzen, wie sie zum Beispiel im «Höchster Modell» sichtbar werden. Die

Pflegedienstleitung des Krankenhauses Höchst in Frankfurt hat etwa die üblichen Wechselschichten für Krankenschwestern und -pfleger abgeschafft und zeitlich stabile Schichten eingerichtet. Ferner orientiert sich das Höchster Modell an den Maßstäben ganzheitlicher Pflege, und es honoriert Spät- und Nachtdienste mit Sonderzahlungen.

Eine gernbeschworene «Lösung erster Ordnung» stellen dagegen, sobald das Wort Pflegenotstand fällt, Spekulationen über die Einführung eines freiwilligen sozialen Pflichtjahres für junge Frauen dar. Die Denkweise, daß Pflege und Erziehung privat und umsonst geleistet werden sollten, entpuppt sich zunehmend als eine zentrale *Ursache* des Pflegenotstands, nicht als dessen Lösung. Gerade diese Pflichtjahrdiskussion ermöglicht einen tiefgreifenden Blick auf den Zustand einer Gesellschaft, die Frauen vor allem als Reserve im Erwerbssektor und als Lastesel der Sozialpolitik betrachtet.

Gesundheitspolitik

«Gefährliche Pflege» und «Pflegenotstand» sind zwei seit mehr als zehn Jahren immer wieder öffentlich diskutierte Probleme, deren Lösung mit dem Verweis auf die Unfinanzierbarkeit sozialpolitischer Leistungen, auf die Notwendigkeit einer neuen Kultur des Helfens, auf Selbsthilfe und Nachbarschaftlichkeit bis heute behindert wird. Vor allem die tariflichen Forderungen nach besserer Bezahlung von Pflegekräften, nach einem besseren Personalschlüssel, nach einem günstigeren Verhältnis von ausgebildeten und Hilfskräften scheinen nicht nur das bestehende Gesundheitssystem in seinem Bestand zu gefährden, sondern sogar die Konkurrenzfähigkeit der deutschen Wirtschaft auf den internationalen Märkten negativ zu beeinflussen.

Übertrieben? – Ja und nein! Die Produktion von Gütern und Dienstleistungen nach dem Prinzip der Maximierung von Gewinnen erscheint nur unter der Voraussetzung möglich, daß andere Arbeiten, und zwar solche, die sich auf das Leben selbst, seine Erhaltung und Pflege richten, außerhalb von Markt und Tausch geleistet werden. Die periodisch auftauchenden Überlegungen zur gesellschaftlichen Notwendigkeit ehrenamtlicher Umsonstarbeit im Bereich der Alten- und Krankenpflege haben hier ihren ökonomischen Kern und sind gleichzeitig Ausdruck der geringen Wertschätzung, die Pflegearbeit in den postmodernen, sich individualisierenden Industriegesellschaften genießt.

Der derzeitige Pflegenotstand kann daher als Ausdruck einer problembelasteten Gesundheitspolitik und als Konsequenz der strukturellen Abwertung helfender Berufe seit Beginn der achtziger Jahre angesehen werden. Die ideologische Gleichsetzung von Krankheit mit Faulheit, die derzeit als Kampagne gegen Kurzkrankheiten öffentlich vorgenommen wird und auf die Wiedereinführung von Karenztagen abzielt, sowie die ideologische Ausgrenzung von Krankheit, Behinderung und Alter, die die Illusion einer Gesellschaft der Starken, Schönen und Leistungsbereiten nähren soll, macht auch vor den Berufen, die sich mit Kranken, Schwachen, Alten und Leistungsunfähigen befassen, nicht halt.

Das Gesundheitswesen ist selbst ein Markt, auf dem Anbieter und Nachfrager Produkte austauschen. Allerdings stehen Aufwand und Ertrag in einem merkwürdigen Mißverhältnis. Der Gesundheitszustand der Deutschen ist nicht besser als der in vergleichbaren Industrienationen, auch wenn die Palette unserer pharmazeutischen Produkte um ein Vielfaches umfangreicher ist als das Arzneimittelangebot unserer Nachbarn.

Dazu schrieb bereits 1984 Jürgen Egert, heute Sozialdezernent in Frankfurt/M.: «Es scheint so, daß ein Großteil des Aufwandes, den wir treiben, auch noch in die falsche Richtung geht und qualitativ zu beunruhigenden Ergebnissen führt. Wenn dieser Befund stimmt, dann stellt sich die Frage, wer profitiert vom Gesundheitswesen, wer eignet sich die Beitragsgroschen der Versicherten an?

Die Profiteure des Gesundheitswesens sind schnell ausgemacht. Den Löwenanteil verdienen niedergelassene Ärzte, Zahnärzte, die pharmazeutische Industrie und nicht zuletzt auch die Krankenhäuser. Die Erbringer der Gesundheitsleistungen haben es verstanden, ihren Gewinn am Gesundheitswesen in medizinischen Fortschritt umzudeuten.» (Egert 1984, S. 211)

Die Probleme des Gesundheitswesens werden hier vor allem in einer kurativen Medizin, einem einseitig an medizintechnischer Hochleistung orientierten Fortschrittsbegriff, an der Zersplitterung des Krankenversicherungssystems und an einem völlig unterentwickelten Planungs- und Steuerungsinstrumentarium gesehen. Die Stichworte zur Reform des Gesundheitswesens sind entsprechend: Stärkere Orientierung in Richtung Früherkennung und Prävention, Reform des Versicherungswesens, Überprüfung der Gründe der Gleichzeitigkeit von Über- und Unterversorgung, die derzeit vorherrschen.

Als Problembereiche erscheinen dabei immer noch der unüberschaubare und aufgeblähte Arzneimittelmarkt, Mehrfachdiagnosen und entsprechende Abrechnungen, bedingt durch Einzelleistungs-Abrechnung sowie nicht zuletzt zwar historisch gewachsene, aber getrennt voneinander arbeitende und nicht vernetzte Institutionen.

Arbeit, Produktivität und Geschlecht – Anmerkungen zu einem modernen Verständnis

Gehen wir weiter mit einem kritischen Frauenblick in die Geschichte. Freiheit, Gleichheit, Brüderlichkeit, die Ideale der bürgerlichen Revolution, waren den «Brüdern» vorbehalten. Wie selbstverständlich wurden Frauen von allen Aufgaben und Positionen in Wirtschaft, Staat und Gesellschaft ausgeschlossen. Während Männer sich in den Dienst eines Fortschrittes stellten, der auf Naturbeherrschung mit den Mitteln einer einseitigen, verkürzten Technik beruhte, wurde den Frauen das Haus zugewiesen. Der Soziologe Max Weber hat diesen Prozeß als Entzauberung der Welt beschrieben. In den Sozialwissenschaften wird von Rationalisierung aller gesellschaftlichen Bereiche gesprochen, womit auch die Integration aller menschlichen Beziehungen und Bedürfnisse in gesellschaftliche Tauschakte eingeschlossen ist. In der Frauenbewegung hat sich die Begriffsweise «von der Mutter-Natur zur Maschine-Natur» etabliert, womit ein Verlust des organischen Prinzips und eine Hinwendung zu einem mechanistischen Prinzip gemeint ist.

«Im Kern des organischen Weltbildes stand die Identifizierung der Natur als weibliches Wesen mit einem Doppelcharakter: auf der einen Seite das Bild der Erde als Mutter, als Ernährerin, als wohltätige Frau, die die Bedürfnisse der Menschen in einem geordneten Universum befriedigt, auf der anderen Seite die wilde, unkontrollierbare Natur, die gewalttätig Chaos hervorbringt.» (Wichterich 1984, S. 11)

Unter den Bedingungen der modernen industriekapitalistischen Entwicklungen verschwindet nun dieses Bild der geheimnisvollen, archaischen Frau, auch wenn es nicht vollständig eliminiert werden kann. Dagegen begründen die Männer der gesellschaftlichen Eliten ihren Herrschaftsanspruch gegenüber Frauen und Handarbeitern neu: Sie behaupten, durch eine gerechte Verwaltung gesellschaftlicher Privilegien ständiges Wachstum und unaufhaltsamen Fortschritt garantieren zu können. Und es ist vor allem dieser Fortschritt – die Zurückdrängung der Subsistenzwirtschaft, die Dominanz des Marktes – der entgegengesetzte Geschlechtscharaktere erfordert. Um den Aufgaben gerecht zu werden, die der moderne Staat hervorbrachte, reichte es nicht, Frau oder Mann zu sein. Es bedurfte vielmehr, daß Männer männlich und Frauen weiblich denken, fühlen und handeln lernten.

Männlichkeit und Weiblichkeit waren zudem als Hierarchie gedacht. Die Frau bleibt unter der Obhut des männlichen Gebieters – wodurch das Gelingen des Ganzen ermöglicht werden sollte. Diese Vorstellung spiegelt sich noch heute in der Organisation des modernen Krankenhauses in doppelter Weise: in der Beziehung zwischen vernünftig und instrumentell handelnden Ärzten und Ärztinnen mit hoher diagnostischer Kompetenz einerseits und den aufopferungsvoll pflegenden Schwestern und Pflegern andererseits, deren Fachkompetenz hinter ihrer fürsorglichen Kompetenz ständig zu verschwinden droht. Zweitens stellt sich das berufsgruppenspezifische Verhältnis auch als typisches Geschlechterverhältnis dar: der Arzt und die Schwester.

Frauen –
die helfende Seite der Menschheit

In ihrer jüngsten Arbeit bezeichnen Schmerl/Nestmann (1991) die Frauen als das «hilfreiche Geschlecht». In Anlehnung an die amerikanische *social support*-Forschung stellen sie die These auf, daß Gesellschaften über ein soziales Immunsystem aus Netzwerken, Kontakten und Beziehungen verfügen, welches soziale und wirtschaftliche Notlagen lindern hilft. Im Mittelpunkt dieser Beziehungsarbeit stehen Frauen, die viel häufiger als professionell ausgebildete Helfer mit Rat und Tat zur Seite stehen. Frauen sind eher bereit, sich jemandem anzuvertrauen und Hilfe anzunehmen, sie haben ausgedehntere soziale Kontakte, während Männer ihre Unterstützung meist aus einer einzigen Beziehung beziehen – diese dafür aber um so intensiver nutzen.

Bisher wurde dieser informellen Hilfe wenig Beachtung geschenkt, obwohl sie im Alltag ebenso bedeutsam erscheint wie die formale Hilfe zum Beispiel im Gesundheitssystem.

Das Helfen ist den Frauen zur zweiten Natur geworden. Frauen wählen nicht nur helfende Berufe, sie sorgen in Betrieben, Verwaltungen und Organisationen für die erwähnten Netzwerke, für Miteinander, Fürsorge und Sozialität.

Vom gesellschaftlichen Umfeld werden die Hilfeleistungen der Frauen konsumiert und eingefordert; sie werden indessen nicht als Leistung oder Arbeit, sondern als Natur verstanden. Wo auf Grund von Individualisierungsprozessen und dem gesellschaftlichen Wandel diese Hilfeleistungen nicht mehr selbstverständlich erbracht werden (können), sehen sich Frauen bald einer Kette von Vorurteilen gegenüber. Es entstehen öffentliche Überlegungen, wie diese Hilfsbereitschaft wieder zu mobilisieren wäre.

Was verleiht aber der Gesellschaft und ihren Ideologieproduzenten ihre Legitimation, die moralische Gültigkeit für ihre Forderungen an und Anklagen gegen Frauen, die ihrerseits nicht viel mehr tun, als «das Recht auf ein Stück eigenes Leben» (Beck-Gernsheim) für sich zu beanspruchen? Die Antwort erweist sich als ebenso einfach wie kompliziert: Es geht um Mutterliebe, Mütterlichkeit und wie diese jeweils interpretiert wird.

Die kulturelle Konstruktion der Mutterliebe bestimmt die gesamte Frauenrolle normativ – so die Erkenntnisse von Badinter, Schütze und anderen –, gleichgültig, ob Frauen Mütter sind oder nicht. Dabei wird Mutterliebe gleichgesetzt mit Mutterpflichten, mit Aufopferung, Hintanstellen der eigenen Bedürfnisse sowie mit Leistungen, die Mütter gegenüber ihren eigenen Kindern zu erbringen haben und deren Erfüllung der Gesellschaft zu kontrollieren erlaubt ist. Insbesondere Ärzte und Pädagogen treten hier als Vertreter gesellschaftlicher Institutionen auf, die als Anwälte des Kindes Autorität gegenüber den Frauen beanspruchen. Abwechselnd, je nach Zeitgeist und politischer Kultur, richtet sich der Zorn der Experten und Expertinnen auf die verwöhnende Mutter, auf die verweigernde Mutter, auf die nicht jederzeit verfügbare Mutter, auf die in der Beziehung zu ihrem Kind keine Befriedigung findende Mutter, auf die zu junge Mutter, auf die zu alte Mutter, auf die das Kind zur Leistung drängende Mutter, auf die der kindlichen Leistung gegenüber gleichgültige Mutter…

Wie die seit einigen Jahren in der Bundesrepublik aktive Mütterbewegung attestiert, haben diese verwirrenden, andererseits aber wissenschaftliche Geltung beanspruchenden Aussagen bei Frauen zu Verhaltensunsicherheiten, Versagensängsten, Selbstzweifeln und Schuldgefühlen geführt.

Mutterliebe und Mütterlichkeit
als Beruf

Die Sanktionsgewalt des «normativen Musters Mutterliebe» (Schütze) gilt aber für die Frauenrolle schlechthin. Insbesondere die Ethik der helfenden Berufe ist von einem positiv omnipotenten Mutterbild bestimmt, dessen Verbreitung durch die Frauenbewegung des letzten Jahrhunderts, insbesondere durch ihren bürgerlichen Flügel um Frauen wie Helene Lange, Alice Salomon und Gertrud Bäumer, selbst vorangetrieben wurde.

Soziale oder geistige Mütterlichkeit – so heißt das Stichwort, mit dem die bürgerliche Frauenbewegung einen Platz für die ledigen Frauen ihrer Schicht im Berufsleben einforderte. Die zur Untätigkeit verdammten, nicht zu verheiratenden bürgerlichen Mädchen und Frauen sollten zum Dienst am Gemeinwohl durch ihre besonderen Geschlechtseigenschaften beitragen. Die sozialen Hilfstätigkeiten wurden zu ihrem besonderen Betätigungsfeld. Sie waren gedacht als Erweiterung der hausmütterlichen Tätigkeiten der Frau und als Gegenstück zur instrumentellen und zweckrationalen Arbeit der Männer. Es trifft die gesellschaftlichen Vorstellungen von der Arbeit der Frauen in der Pflege, wenn A. Salomon 1908 schreibt, daß gerade Frauen zu helfender und pflegender Arbeit deshalb besonders befähigt seien, weil «ihre alles verstehende Milde und Nachsicht, die bei der Arbeit an Mutlosen, bei der Aufrichtung von Verzweifelten und Gesunkenen so wertvoll ist, ihre Sorgfalt und Gewissenhaftigkeit auch kleiner, unbedeutender Aufgaben, die für die Organisationsarbeiten von größtem Vorteil sind, schließlich ihre Mütterlichkeit, die Fähigkeit, die Mutterliebe vom Haus auf die Gemeinde zu übertragen, auf die Welt, die dieser Kräfte so dringend bedarf.» (Salomon, zit. n. Olk 1986, S. 51)

Pflegen, Heilen und Helfen sind also keine Tätigkeiten, die unter die Kategorie «Arbeit» zu subsumieren wären, sondern die Erfüllung der weiblichen Natur, die Befriedigung einer der Frau innewohnenden sozialen Mütterlichkeit. Der eigentliche Lohn dieser Arbeit liegt denn auch nicht in der tariflichen Bezahlung, sondern in der Dankbarkeit von Patienten und Klienten, in der Teilnahme an Genesungsprozessen oder an lebenswichtigen oder lebensrettenden Ereignissen, wie etwa Geburten und Operationen.

Daß diese Vorstellungen keineswegs der ideologischen Mottenkiste des letzten Jahrhunderts angehören, sondern bis heute wirksamer Konsens auch im Bereich der Gesundheitspolitik sind, können Aussagen von Politikern anläßlich der letzten Novellierung des Krankenkpflegegesetzes dokumentieren: «Bei jeder Regelung der Krankenpflegeausbildung muß man sich die Frage stellen nach dem Ziel der Ausbildung. Krankenpflege ist kein Beruf wie jeder andere. Krankenpflege ist persönliche Hilfeleistung aus Sorge um den kranken Nächsten. (...) Auch die große Mehrheit derjenigen, die heute in der Krankenpflegeausbildung stehen, tun dies, weil sie dem Mitmenschen helfen und damit etwas Sinnvolles leisten wollen.» (Der CDU/CSU-Abgeordnete Hasinger, 139. Sitzung des Deutschen Bundestages, 1979, zit. n. Bexfield 1983, S. 108)

Fordismus im Krankenhaus – ein Versuch, die Arbeit der Schwestern theoretisch zu verstehen

In einer beliebten Fernsehsendung, in der phantastische Geschichten präsentiert werden und die Zuschauer dann entscheiden müssen, welche wahr ist und welche erlogen, wurde ein moderner OP gezeigt: Der Patient rotierte auf einer Scheibe, und zehn anwesende Ärzte leisteten jeweils ein oder zwei Handgriffe für die Operation. Heraus kam die optimale Entfernung eines Blinddarms. Das verunsicherte Publikum wurde vom Moderator zwar aufgeklärt, daß es so weit in unseren Krankenhäusern noch nicht gekommen sei. Indessen, Spezialisierung und Arbeitsteilung dominieren, je wissenschaftlicher und moderner der Anspruch einer Klinik ist, immer mehr.

«Fordismus» – so nennen wir eine Produktionsweise, die auf dem Prinzip der Teilung von Arbeitsvorgängen in winzige Segmente beruht. In der industriellen Produktion wandert das Werkstück von einem Arbeitsplatz zum anderen (wie die Fernsehgeschichte zeigt), wobei an ihm soweit wie möglich reduzierte und vereinfachte Arbeitsoperationen ausgeführt werden. Für die Arbeiter und Arbeiterinnen bedeutet diese Produktionsweise vor allem zweierlei: Intensivierung der Arbeit, die ihre volle Konzentration in Anspruch nimmt, und Monotonie. Besonders bedeutsam ist weiterhin, daß Sinnzusammenhänge verlorengehen und die Bedeutung gerade dieser Arbeit für die gesamte Produktion uneinsichtig wird. Gefühle von Leere, Gleichgültigkeit, Langeweile und Stress breiten sich zwangsläufig aus und werden mit erhöhter Arbeitskontrolle bekämpft.

Unsere These ist, daß der Fordismus nicht nur weltweit zum Synonym für Wohlstand und Wachstum sowie gesellschaftlichen Fortschritt geworden ist, sondern daß er die Hausarbeit genauso erfaßt wie den Betrieb. Fordismus herrscht ebenfalls in den Institutionen der Krankenversorgung, der Altenbetreuung, der Rehabilitation.

Vor dem Hintergrund des vorgestellten Prinzips der sozialen Mütterlichkeit im helfenden Beruf entfaltet sich in dieser Arbeitsorganisation für die in der Pflege tätigen Frauen und Männer eine Beziehungsfalle – ein *double-bind*. In dem alten Konstrukt ist die Arbeit der Schwestern/ der Pfleger als ganzheitlich-handwerkliche Facharbeit sowie als menschliche, mütterliche Zuwendung gedacht, die die Schmerzhaftigkeit der notwendigen medizinischen Behandlungen ausgleichen und Regressionen des Patienten einfühlend aufnehmen sollen. Die zunehmend nach den Gesichtspunkten der modernen Betriebsführung entwickelte arbeitsteilige und spezialisierte Organisation des Krankenhausalltages zwingt dem Pflegepersonal aber fordistische Verhaltensweisen auf. Die in der Pflege tätigen Schwestern müssen demnach in derselben Situation arbeitsteilig und ganzheitlich, expertenhaft und alltagsbezogen, instrumentell-zweckrational und sinnhaft-kommunikativ sein. Zwischen dem Arzt als mit institutioneller Definitionsmacht ausgestattetem Positionsinhaber und dem Versorgung erwartenden Patienten steht die Schwester, deren Aufgabe es einerseits ist, dem Arzt diagnostisch aufbereitete Informationen über das Krankheitsbild zu liefern, während der Patient genau die entgegengesetzte Erwartung hat, versorgt, verstanden, ernst genommen zu werden.

Das Unbewußte des Krankenhauses

Der Versuch, sich dem Unbewußten und Abgewehrten des Krankenhauses zu nähern, führt über den Versuch des Verstehens seiner institutionellen Seite sowie seiner Organisationsmuster. Organisationen sind zweckrational strukturiert – zur Bewältigung einer bestimmten Aufgabe und eines Zieles. In Organisationen finden sich neben ihren primären, offiziellen Zielen meist heimliche Interessen, sogenannte Sekundärziele: Machterhalt, Expansion, Gewinnmaximierung.

Nach einer Untersuchung von Goffman (1972) haben insbesondere streng hierarchisch gegliederte Organisationen ein Unterleben, heimliche Denkweisen, heimliche Überzeugungen, heimliche Bedeutungen, während die Menschen dort streng in ihren jeweiligen Gruppen leben (Personal/Insassen) und die jeweils andere Gruppe vorwiegend stereotyp wahrnehmen. Kommunikation und Begegnungen sind streng genormt und ritualisiert.

Institutionen, sagt der Philosoph Arnold Gehlen, sind Instinktprothesen. Sie ersparen dem instinktarmen *homo sapiens* die Qual der Wahl. Sie entstehen durch Gewöhnung (Habitualisierung) und die damit einhergehende typisierende Wahrnehmung. Sie prägen die Denkweisen und Überzeugungen ihrer Mitglieder und organisieren sich über Sinnhaftigkeit. «(Institutionen) stellen (...) Handlungs- und Beziehungsmuster dar, die vor allem durch Verankerung der zentralen Ordnungswerte in der Antriebsstruktur der Gesellschaftsmitglieder gekennzeichnet sind.» (Bühl, zit. n. Mentzos 1976, S. 80)

Mentzos geht davon aus, daß Struktur und Prinzipien von Institutionen nicht nur zweckrational aufgebaut sind, sondern daß sich darüber hinaus gemeinsame Werte, Einstellungen und oft nicht klar definierte Motive finden lassen.

Institutionen sind deshalb geradezu prädestiniert, neben ihren zweckrationalen Funktionen auch psychosoziale Abwehr zu tragen. Institutionen regeln Handlungs- und Beziehungsabläufe quasi automatisch und ermöglichen damit eine erhebliche Entlastung der beteiligten und involvierten Menschen. Diese Entlastung bezieht sich nicht nur auf die Vielfalt der Alternativen, sondern damit einhergehend vor allem auf Entlastung von Affekten – Ängsten, Schuldgefühlen, Spannungen.

In dieser Perspektive wird Angst, die so alt ist wie die Menschheit, zu einem zentralen Thema von Gruppen und Institutionen. Deren Struktur und innere Ordnung steht im Dienst der Angstbewältigung oder Angstbindung.

Der institutionelle Umgang mit der Körperlichkeit im Krankenhaus

Um Konflikte und Interaktionsstrukturen zwischen den verschiedenen Berufs- und Personengruppen im Krankenhaus zu verstehen, bedarf es der soziologischen Betrachtungsweise. Norbert Elias geht in seiner Zivilisationstheorie davon aus, daß sich der moderne Mensch unter anderem durch das Primat der Vernunft (Rationalität) und durch das Auftreten von Scham und Peinlichkeitsgefühlen, das heißt durch die gesellschaftliche Konstitution einer intimen Sphäre, von den Menschen früherer gesellschaftlicher Epochen (für unseren Kulturkreis) unterscheidet. Das Körperliche und seine Äußerungen – insbesondere das Sexuelle – werden versteckt, verheimlicht und verdrängt. Affekte werden beherrscht und, falls nötig, bezwungen. Diese für den modernen Menschen typischen Schamgrenzen, seine Sphäre der Intimität, werden besonders im Krankenhaus ständig berührt und durchbrochen.

Auskünfte über Geschlechtsverkehr, Stuhlgang und Verdauung, über Geschlechtskrankheiten, Abtreibungen und Potenzstörungen werden selbstverständlich erwartet. Der intime Charakter von medizinischen Untersuchungen wird ignoriert und verleugnet. Die Aufhebung der Schamschwellen ist jedoch eine institutionelle Setzung, kein Prozeß, kein Dialog. Gleichzeitig verliert der Körper für die Institution Krankenhaus seine Subjektivität, die Bedeutung, die er, seine Symptome und Eigenheiten für die Identität des Patienten haben. Die vollständige Beherrschung des Körperinneren wird in der institutionellen Deutung als Voraussetzung für den Heilungsprozeß angenommen; die Eigenheiten und Unberechenbarkeiten des Körpers hingegen scheinen den Heilungsprozeß zu gefährden.

Weiterhin scheint die Institution Krankenhaus bei ihren Patienten von impotenten Menschen auszugehen. Potenz wird an ärztliche Kunst und medizinische Technik delegiert.

Im Krankenhaus unterliegen Krankheiten der naturwissenschaftlichen Deutung im Sinne einfacher Kausalitäten. Was der Patient zu sich selbst meint, wie er vor dem Hintergrund seiner Biographie und lebensweltlichen Erfahrung seine Krankheit versteht, hat für die Diagnose nicht nur keine Bedeutung, sondern wird belächelt, manchmal auch als Angriff auf den Expertenstatus des Klinikpersonals empfunden. Die Institution Krankenhaus und der Arzt als ihr Vertreter verfügen aber nicht nur über die Definitionsmacht, sondern legen gleichzeitig fest, was dem Patienten guttut. Hilfe ist gebunden an Herrschaft.

Der von Goffman entwickelte Begriff der totalen Institution beschreibt Auswirkungen des Lebens in Anstalten. Seine Untersuchung wurde zwar in der Psychiatrie durchgeführt, bezieht sich aber auch auf andere Anstaltstypen – Gefängnisse, Erziehungsheime, Klöster, Militär, Krankenhäuser – und auf die Moral der dort lebenden Menschen, seien es Insassen oder Beschäftigte. Totale Institutionen bemächtigen sich ihrer Mitglieder, indem sie Subjektivität und Eigenidentität als ein den institutionellen Ablauf störendes Phänomen bekämpfen und ihren Mitgliedern statt dessen institutionelle Normen aufzwingen. Anstaltskleidung, Reinigungsrituale, Aufnahmerituale müssen genauso als Kennzeichen einer totalen Institution verstanden werden, wie eine starre Hierarchie, ein differenziertes Zwangsregelwerk und unflexible Anforderungen. In der Folge kommt es bei Insassen/Bewohnern/Patienten zu einer «Diskultur», das heißt zum Verlernen von Techniken der Lebensbewältigung, zur moralischen Verwahrlosung und schließlich auf der Ebene der Institution zur Herausbildung eines informellen Systems.

Für Krankenhäuser gelten Merkmale der totalen Institution um so stärker, je länger der Aufenthalt von Patienten geplant wird, etwa bei chronisch Kranken, bei unheilbar Kranken, bei Patienten mit ansteckenden Krankheiten und in der Psychiatrie. Jedoch finden sich in jeder Klinik eine Reihe von Merkmalen totaler Institutionen, die den Patienten entmündigen und das Pflegepersonal zu kontrollierenden Helfern machen. Durch die Vermischung von Hilfe und Kontrolle kommt es bei den Patienten leichter zu Regressionen.

Die Anforderung der Institution an die Patienten/Insassen/Bewohner, sich ihr bis in das Körperinnere zu überlassen, ähnelt dem Erlebniszusammenhang zwischen Mutter und Kind. Die Mutter fordert vom Kind über die Sauberkeitserziehung ebenfalls Unterwerfung bis in sein Körperinneres. Sie verbietet die Lust an den Körperfunktionen und pocht auf Leistung und Anpassung. Dieser Erlebenszusammenhang durch institutionelle Strukturen fördert Übertragungen: Die Patienten können sich trotzig verhalten wie kleine Kinder oder duckmäuserisch angepaßt, sie können am Klinikpersonal kleben oder sich vollständig verweigern. In jedem Fall müssen Kommunikations- und Interaktionsstrukturen sowie institutionelle Regeln und Setzungen vor dem Hintergrund unbewußter Inszenierungen verstanden werden.

Auf der Ebene der Interaktion und der Struktur teilen sich Ärzte und Schwestern die Arbeit nach einem geschlechtsspezifischen Muster. Heilen, pflegen, Wunden verbinden – also mütterliche Arbeit zu leisten – lautet der Auftrag an die Krankenschwestern. Forschen, erkennen, diagnostizieren, im Dienste des medizinischen Fortschrittes stehen – also männliche Arbeit zu leisten – lautet der Auftrag an die Ärzte. Das Bild der Krankenschwester und des Arztes spiegelt das einer geordneten Patriarchenfamilie mit «natürlicher» Arbeitsteilung. So verwundert es auch nicht, wenn die Patienten in diesem Arrangement den Part des Kindes übernehmen und sich entsprechend verhalten.

Wenn Krankheit in der medizinisch-naturwissenschaftlichen Deutung kein interessantes Phänomen mehr darstellt, wenn sie sich für Forschungszwecke nicht mehr eignet und zur lästigen Routine verflacht, wird die Arbeit der Schwestern immer bedeutsamer. Der Umgang mit chronisch Kranken, mit unheilbar Kranken und mit Sterbenden paßt nicht in das moderne fortschrittsgläubige Deutungsmuster, daß es sich bei Krankheit um eine reparierbare Entgleisung handelt.

Unheilbarkeit und Tod sind dann ein bedauerlicher Irrtum. Ärzte ziehen sich geschlagen zurück und überlassen das Feld anderen: Seelsorgern, Sozialarbeitern und Schwestern. Insbesondere letztere haben den heimlichen Auftrag, den Mythos der Institution aufrechtzuerhalten. Sie müssen die Hilflosigkeit der Medizin verleugnen, auch wenn sie täglich im direkten Umgang mit Patienten daran erinnert werden, daß es für viele keine Hoffnung mehr gibt. Dagegen sollen sie den Patienten Mut machen und mit Fröhlichkeit und Adrettheit Optimismus verbreiten.

Aber es sind die Schwestern, die täglich das Scheitern des Mythos erleben. Diagnose und Therapie können für den Patienten zum kritischen Lebensereignis werden, sie bewirken unter Umständen den Umbau der Identität und machen ängstlich. Diese Ängste der Patienten müssen als Realangst verstanden werden. Verhalten sich die Schwestern nun einfühlend, erleben sie ähnliche Gefühle wie der Patient: Hilflosigkeit, Überschwemmung, Wut auf die Institution, den Mythos der medizinischen Allmacht und die Bedrohung durch den eigenen Körper, der jederzeit zum Ungeheuer werden kann und sich gegen sich selbst richtet.

Während sich Psychotherapeuten ihre Einfühlung bezahlen lassen und sie auf einen Zeitraum von einer Stunde im Rahmen von therapeutischen Settings reduzieren, sollen Krankenschwestern diese Gefühlsarbeit im Rahmen ihrer Berufstätigkeit nebenbei miterledigen – einerseits eine Überforderung, andererseits eine Abwertung typischer Frauenarbeit. So finden sich in der Realität der Kliniken eher Hektik oder eine rigide Organisation des Alltags.

Krankenschwestern – zwischen Fordismus und Helfersyndrom

Bisher haben wir zur Beschreibung der Probleme des Berufsfeldes Krankenpflege den Zugang über die Analyse der Institution und der Geschlechtsrolle bzw. des geschlechtsspezifischen Arbeitsvermögens gewählt. Ein weiterer wichtiger Zugang insbesondere zur Erklärung, warum Krankenschwestern die von ihnen selbst häufig als unzumutbar erlebten Arbeitsbedingungen aushalten, führt über das Phänomen des Helfens.

Mit dem Helfersyndrom wurde von Schmidbauer (1977) ein Erklärungsansatz entwickelt, der durch seine Bedeutung und seine schnelle Verbreitung der Gefahr der Trivialisierung ausgesetzt ist. Heute ist es chic, leicht ironisch von «seinem Helferlein» zu reden und sich damit vor der schmerzhaften Auseinandersetzung mit einem ernsthaften Problem zu schützen. «Die innere Situation des Menschen mit dem Helfersyndrom läßt sich in einem Bild beschreiben: ein verwahrlostes, hungriges Baby hinter einer prächtigen, starken Fassade.» (Schmidbauer 1977, S. 15)

Auf der Ebene der Beschreibung des Phänomens des hilflosen Helfers erscheint als besonders bedeutsam, daß dieser mit seinen Klienten keine wirkliche Beziehung eingeht. Der Mangel an offener Gegenseitigkeit ist ihm zu einem Persönlichkeitszug geworden. Er stellt eigene Bedürfnisse und Gefühle zugunsten seiner Klienten zurück. Auf psychoanalytischer Ebene erschließt sich das Helfersyndrom über das Verstehen des dahinterliegenden Ideals und seiner Psychodynamik. Die Psychoanalyse unterscheidet zwischen Über-Ich und Ich-Ideal. Während das Über-Ich ein Zensor ist, der das Ich kontrolliert (hier sind Kindheitseindrücke und Erziehungseinflüsse, insbesondere die Strafangst gespeichert), stellt das Ich-Ideal einen eigenen Entwurf dar. Die Abgrenzung zwischen Über-Ich und Ich-Ideal wurde von Nunberger (1959, S. 173) wie folgt vorgenommen: «Während sich das Ich dem Über-Ich aus Angst vor Strafe fügt, fügt es sich dem Ich-Ideal aus Liebe.»

In dieser Perspektive erscheint das Helfersyndrom als die zum Persönlichkeitsmerkmal gewordene Unfähigkeit, eigene Gefühle und Bedürfnisse zu äußern. Statt die Liebe auf sich selbst zu richten – Zeichen eines sichtbaren Narzißmus –, orientiert sich der Helfer an einem starren Ich-Ideal, das den anderen in den Mittelpunkt seiner Zuwendung stellt. Dennoch dient dieses Ich-Ideal einem narzißtischen Zweck. Das hohe Ideal kann eigentlich nie erreicht werden, aber es wird immer wieder angestrebt. Eigene Schwäche und Hilfsbedürftigkeit werden verleugnet und verleugbar (vgl. dazu auch das Kapitel «Abstürze», S. 68 ff).

Im Krankenhaus ist die Illusion des nimmermüden Helfers und das Ideal des Helfens zum positiv besetzten, meist unbewußten Entwurf einer gesamten Berufsgruppe geworden. Wer kennt sie nicht, die Sauerbruchs und Nightingales, die Engel von Sibirien und Retter in der Not. Das Ideal der helfenden Krankenschwester und des heilenden Arztes erweist sich zudem als erotisiert: die Krankenschwester wird zur Metapher der Hingabe, der Arzt zum Sinnbild potenter Souveränität.

Auch die Über-Ich-Entwicklung hat für das Helfersyndrom eine hohe Bedeutung. Schmidbauer definiert es als Weg, frühe narzißtische Störungen zu bewältigen. Ein an kindliche Idealisierungen gebundenes, realitätsfernes Ich-Ideal wird ständig, nicht nur in extremen Belastungssituationen, zwischen Allmachts- und Ohnmachtsgefühlen schwanken. Das abgelehnte Kind, das nicht um seiner Selbst willen geliebt wurde, sondern wegen seiner Verhaltensweisen, muß glauben, nur für das, was es macht, geliebt zu werden, nicht für das, was es ist.

So fällt die Wahl des hilflosen Helfers auf Menschen, die schwächer sind als er selbst und die es ihm ermöglichen, sich als der Stärkere zu zeigen. In solchen Beziehungen fallen seine Schwächen und eigenen Abhängigkeiten am wenigsten auf. Helfen dient hier der Abwehr eigener Bedürfnisse. Es entspricht einer Gegenstruktur zu den Ohnmachtsgefühlen des früh abgelehnten Kindes.

Für das Verstehen des Berufsbildes und der Berufsrolle der Krankenschwester sind drei Dimensionen als konstitutives oder normatives Muster benannt worden: die Ebene der Institution, die Ebene der historischen Entwicklung mütterlicher Arbeit und die Ebene der unbewußten Motive der helfenden Berufe.

Eine dreifache Falle, die berufliche Frustration, Ausbrennen und Berufsflucht in ihrer Verknüpfung erklärt. Nicht erklärt wird damit allerdings das Phänomen, daß und mit welchen Mitteln Schwestern in der Pflege nicht nur überleben, sondern hier auch noch sinn- und identitätsstiftende Ressourcen gewinnen.

Unserem Eindruck nach scheint dies am ehesten möglich zu sein, wenn Krankenschwestern eine Balance finden können zwischen den instrumentell-wissenschaftlichen Aspekten und den emotional-mütterlichen Anteilen in ihrem Beruf – und wenn sich dieses mit innovativen Vorstellungen für ihren beruflichen Alltag sowie einem Interesse an der Weiterentwicklung der Professionalisierung ihres Berufsfeldes koppelt. Skizzieren ließe sich eine solche Haltung als distanzierte Nähe und als professionell begründete (Selbst-)Bewußtheit und Kompetenz.

Die naturwissenschaftliche Technik in der Medizin und Pflege kriti-

sieren wir nicht an sich. Sie bringt viele entlastende Aspekte. Zu kritisieren ist die Ausuferung eines technizistischen Denkens in alle Bereiche sowie die Gleichzeitigkeit von Über- und Unterversorgung
bzw. Über- und Untertechnisierung in den verschiedenen Stationen des
Krankenhauses, in der sich der Status der agierenden Berufsgruppen
spiegelt.

Es gibt keinen Automatismus, der mit der Entlastung durch Technik
Einfühlung und Zuwendung produziert. Diese nicht als «weibliche»
Rohstoffquellen beliebig auszubeuten, sondern als wertvolle, pfleglich
zu behandelnde menschliche Qualitäten zu erkennen, bedarf noch har-
ter Arbeit und ständiger systematischer Reflexion.

Literatur

Badinter, E.: *Die Mutterliebe*, München 1981

Bexfield, H.: *Veranlagung zum Helfen?*, in: Widersprüche, Heft 6, Offenbach,
    März 1983, Schwerpunkt: Mütterfallen, Krise und Weiblichkeit, S. 107−112

Bourdieu, P./Passeron, J.-C.: *La reproduction − éléments pour une théorie du sy-
    stéme d'enseignement*, Paris 1970

Egert, J.: *Gesundheitspolitik kontra Anbieterinteressen. Fortschrittliche Sozialpoli-
    tik am Beispiel des Gesundheitswesens*, in: SPW, Zeitschrift für sozialistische Po-
    litik und Wirtschaft, Berlin, Jg. 7 (1984), Heft 23: Ende des Sozialstaats?
    S. 211−220

Freud, S.: *Das Ich und das Es*, in: Gesammelte Werke Bd. 13 (1923)

Goffman, E.: *Asyle. Über die soziale Situation psychiatrischer Patienten und ande-
    rer Insassen*, Frankfurt 1973

Haug, W. F.: *Nach dem Fordismus − Postfordismus?*, in: Das Argument. Zeitschrift
    für Philosophie und Sozialwissenschaften, Berlin, Jg. 29 (Okt. 1987), Heft 5,
    S. 672−676

Mentzos, S.: *Interpersonale und institutionalisierte Abwehr*, Frankfurt 1988

Nestmann, F./Schmerl, C. (Hg.): *Frauen − das hilfreiche Geschlecht*, Reinbek 1991

Nunberg, H.: *Allgemeine Neurosenlehre auf psychoanalytischer Grundlage*, 1959

Olk, T.: *Abschied vom Experten*, Weinheim/München 1986

Pühl, H.: *Angst in Gruppen und Institutionen*, Frankfurt 1988

Schmidbauer, W.: *Die hilflosen Helfer*, Reinbek 1977

Schütze, Y.: *Die gute Mutter − zur Geschichte des normativen Musters «Mutter-
    liebe»*, in: Karsten, M.-E./Otto, H.-U. (Hg.): *Die sozialpädagogische Ordnung
    der Familie*, Weinheim/München 1987, S. 45−68

Doris Prinzl-Wimmer und Annemarie Bauer

Abstürze:
Warum sie nicht bleiben

Über Motivationen und Anti-Motivationen
im Krankenpflegeberuf

Eigentlich teilt ein Tarifvertrag schon alles mit: Für etwa 2500 DM brutto arbeitet eine Krankenschwester laut KR-Tarifvertrag weitgehend selbstverantwortlich auf einer Station. Ihr Beruf hat:

- medizinische Anteile, die wichtige Grund- und Detailkenntnisse in medizinischen Fragen voraussetzen;
- pflegerische Anteile, die in der Arzt-Ausbildung vernachlässigt werden und die auch keinem anderen Beruf vergleichbar sind, um deren Anerkennung als eigenständige Qualifikationen aber immer noch gekämpft wird und gekämpft werden muß (Professionalisierungs-Debatte);
- einen Beziehungsteil: Mehr als andere Berufsgruppen im Krankenhaus sind Pflegende Ansprechpartner für Patienten und deren Angehörige, zumal wenn diese keinen Mut haben, dem Arzt Informationen abzuverlangen, oder wenn dessen Ausführungen so (ver)kompliziert waren, daß sie diese nicht verstanden haben.

Je nach Arbeitsfeld sind die einzelnen Aspekte sehr unterschiedlich verteilt. Wenn wir das Krankenhaus vergleichen mit einer Institution, die in erster Linie keine Pflegeeinrichtung sein soll, faktisch aber doch eine ist, das Altenheim, so stellt sich eine völlig andere Verteilung der Aufgabenbereiche dar: Der medizinische Anteil schrumpft, der Beziehungsanteil steigt, und der pflegerische Anteil ist enorm hoch.

Die Krankenpflege ist ein Grundberuf, der verschiedene Aufstiegsmöglichkeiten bietet: Man kann Stationsschwester werden, man kann Unterrichtskraft werden, man kann sich zur Pflegedienstleitung weiterbilden. Die finanzielle Situation der Berufstätigen wird durch solche Zusatzqualifikationen jedoch nur unmaßgeblich verbessert. Die Aufgaben einer Stationsleitung sind zwar wesentlich komplexer, werden aber kaum besser bezahlt; auch die 18- bis 24monatige Weiterbildung zur Unterrichtskraft oder zur Pflegedienstleitung «lohnen» sich unter finanziellem Aspekt kaum. Die Vorteile liegen möglicherweise darin, aus der direkten Pflege auszuscheiden oder sie wenigstens zu reduzieren und keinen Schicht- und Wochenenddienst mehr machen zu müssen (vgl. Jacobs in diesem Band, S. 31 ff.).

Bei den folgenden Überlegungen darf auch ein weiterer Aspekt nicht übersehen werden: Die Pflege ist ein Frauenberuf. Und Frauen legen für die Familienphase häufig eine Berufspause ein, die oft genug zum Berufsende wird. Bei einem fast reinen Frauenberuf schlägt sich dieses Phänomen in der Statistik besonders drastisch nieder und verleitet zu dem Gedanken, daß der Pflegeberuf ein unattraktiver wäre.

Streßursachen

In einer Untersuchung der Universitäts-Schwesternschule in Heidelberg, deren Zahlen hier stellvertretend genannt werden sollen, schätzen 52 Prozent den Umgang mit Menschen als besonders motivierend für ihre *Berufswahl* ein, 50 Prozent denken, daß die Verbindung von geistigen und praktischen Fähigkeiten besonders motivierend für sie gewesen sei, und 47 Prozent gehen von einer hohen Verantwortung als Basis für eine hohe Motivation aus.

Als Gründe für die *Berufsflucht* geben 44 Prozent an, zuwenig Zeit für die Patienten zu haben, 42 Prozent klagen über den Personalmangel und 10 Prozent über psychischen Streß. An Merkmalen, die den Beruf belastend machen, die aber hier nicht weiter diskutiert werden, seien außerdem die körperlichen Belastungen und die ungünstige Arbeitszeit erwähnt. Unser Augenmerk konzentriert sich auf die psychischen Belastungen. Hier ist vor allem das Mißverhältnis zwischen anfallender Arbeit und Zeit entscheidend.

Daneben wirken sich folgende Entwicklungen und Aspekte als den Arbeitsalltag prägende Streßfaktoren aus: *

---

* Die folgenden Punkte sind verschiedenen empirischen Untersuchungen entnommen (vgl. Literaturverzeichnis).

- Die Intensivierung der Arbeit erhöht die psychische und physische Belastung des Pflegepersonals.
- Die geringere Verweildauer von Patienten und die modernen Behandlungsmethoden scheinen sich tatsächlich eher als Streßfaktoren denn als Entlastungen auszuwirken.
- Je höher eine Position in der Klinik ist, um so geringer werden die durch Patientenkontakt ausgelösten psychischen Belastungen; höhere Belastungen gibt es auf pflegeintensiven Stationen.
- Verstärkt werden solche Belastungen noch dadurch, daß sie oft verschwiegen werden.
- Oberste Berufsmotivation ist allen Studien zufolge die Nähe zu Menschen und die Möglichkeit, anderen Menschen helfen zu können. Diese Grundvorstellung wird aber im Klinikalltag häufig enttäuscht und der fehlende Kontakt zu Patienten deutlich beklagt (Schönhals 1987, S. 22).
- Andererseits wird aber auch die Nähe zum Patienten als Streßfaktor erlebt; dies äußert sich beispielsweise in der Angst vor Gesprächen mit Patienten, zu denen man einen intensiveren Kontakt hält. Wichtige Themen (beispielsweise das Sterben) werden zumeist vermieden.
- Nach Ostner (1979 u. 1981) werden Belastungen durch Arbeitsteilung, Kompetenzüberschneidung, Rationalisierung und Technisierung ausgelöst, die den Tagesablauf häufig zergliedern, so «daß der Pflegende oft nicht weiß, was er den ganzen Tag über gemacht hat» (Taubert 1987, S. 55).
- Eine Untersuchung von Albrecht (1981, S. 97) ergab, daß die Tatsache, sich einige Stunden mit wenigen Patienten zu beschäftigen, als ausgesprochen belastend empfunden wird, ohne daß patientenferne Tätigkeiten eine Entlastung bieten.
- Viele Untersuchungen, etwa die von Albrecht (1981) und von Ridder (1980), weisen auch die ständige Konfrontation mit Leiden, Sterben und Tod als Belastungsfaktoren aus.

Die Berlinstudie von Albrecht u. a. (1981) weist auf, daß auf bestimmten Stationen eine sehr hohe Fluktuation bei den Pflegenden verzeichnet wird. Dies sind vor allem Intensivstationen, auf denen es sehr viel Hektik, aber auch sehr viele Todesfälle gibt, und Normalstationen für psychiatrisch und chronisch Kranke, die oft deutlich den körperlichen und psychischen Verfall von Patienten und mithin die teilweise unzulänglichen Möglichkeiten der Medizin offenbaren. Andererseits zeigt die Berlinstudie aber auch, daß die Fluktuation nicht in allen Krankenhäusern gleich hoch ist, sondern daß es Motivgruppen geben muß, deren einzelne Elemente zusammenwirken, um den Beruf zu verlassen. Die meistgenannten Gründe sind: Arbeitsklima, Arbeitszeit, Fachdisziplinorientierung, Belastung, Aufstieg und Bezahlung (nach Taubert 1987, S. 52).

Versprechen der Ausbildung

In vielen Punkten verspricht die Ausbildung mehr, als der Berufsalltag später einlöst (vgl. S. 82 f). Die «Schwesternschule» wird in der Regel nach Abschluß der mittleren Reife besucht. Sie wird mit einem Staatsexamen beendet. Dieses Staatsexamen wertet die Ausbildung scheinbar auf und rückt sie einem Studium nahe. Vergleichbares findet sich nur in anderen sogenannten paramedizinischen Berufen. Die Krankenpflegeausbildung eröffnet jedoch keine weiterführende Laufbahn.

Schulische Zugangsvoraussetzungen in der Ausbildung zur Krankenpflege gibt es praktisch keine. Hauptschüler, Realschüler und Abiturienten sind gleichermaßen vertreten, wenn auch nicht zu gleichen Prozentsätzen. Die Taubertstudie von 1987 sichtet Zahlen aus früheren Studien. Danach hatten im Jahre 1972 circa die Hälfte der Auszubildenden einen Hauptschulabschluß, nur 3 Prozent waren Abiturientinnen; 1983 gab es nur noch 7 Prozent mit einem Hauptschulabschluß, dagegen 61 Prozent mit der Mittleren Reife und 30 Prozent mit dem Fachabitur (Taubert 1987, S. 72 f). Dieser enorme Wandel ist in kaum einem anderen Beruf in solchem Ausmaß zu verzeichnen. Er zeigt darüber hinaus, daß die Wertigkeit des Berufs von Anfang an diffus ist.

Schulabschlüsse werden im Hinblick auf den Status bestimmten gesellschaftlichen Schichten zugeordnet. Das Abitur ist die Eintrittskarte in die höhere Bildungsschicht und den akademischen Beruf, unabhängig davon, ob dieser über ein Studium erreicht wird oder nicht. «Ich habe Abitur und gehe trotzdem erst mal in die Pflege» – dieser defensive Satz drückt den Anspruch aus, etwas anderes, «besseres» machen zu können, und hebt zugleich hervor, daß der Pflegeberuf eigentlich unter dem erreichten «Schulniveau» verortet wird. In der Bundesrepublik Deutschland ist der Pflegeberuf kein Abiturberuf und kein Beruf, der mit intellektuellen Leistungen assoziiert, sondern mit einem niedrigeren Schulabschluß und niedrigeren intellektuellen Fähigkeiten identifiziert wird. Damit ist nichts über die tatsächlich notwendigen Qualifikationen für den Beruf ausgesagt, sondern nur etwas über sein Bild in der Gesellschaft. Durch die gesellschaftlichen Zuschreibungen fühlt sich der Schulabgänger mit einem höheren Schulabschluß permanent abgewertet, oder umgekehrt: Er muß extra erwähnen, daß er Abitur hat. Er hat ein zusätzliches Problem, ein Status-Legitimationsproblem, das ihn bei beruflicher Frustration schneller zum Aussteigen veranlassen mag.

Die Heidelberger Studie der Universitäts-Schwesternschule, eine Schule, deren Schülerinnen fast ausschließlich Abitur haben, belegt den angesprochenen Trend: 33 Prozent der 282 befragten Absolventen der USH haben nach einer kurzen Verweildauer im Pflegeberuf einen anderen Beruf ergriffen; von diesen 33 Prozent haben 72 Prozent ein Studium absolviert. Sie haben also die Eintrittskarte in die höhere Bildungsschicht tatsächlich in einem zweiten beruflichen Anlauf verwertet.

Das Staatsexamen hat zwar einen (para)medizinischen Anklang und verspricht so etwas wie eine eigene Professionalisierung. Faktisch aber ist das Krankenpflegepersonal stets weisungsgebunden an den Arzt. Alle Krankenpflegeberufe haben gegenwärtig wenig Chancen, ihr Image zu verbessern, nicht nur weil es keine formalen Aufstiegsmöglichkeiten gibt, sondern auch auf der informellen Ebene. Sie sind und bleiben die zweite Geige.

Was den Beruf, vor allem für Mädchen und junge Frauen, attraktiv machen könnte, ist die lebenspraktische Seite der Ausbildung, die als Kompetenzerwerb für die spätere Familienphase betrachtet wird. *Faktisch* erweist sich der Beruf aber als familienfeindlich, nicht nur auf Grund der Bezahlung, sondern vor allem durch die Arbeitszeit. Dennoch spielt der Beruf im Privatleben eine große Rolle, da die praktischen Kompetenzen einer Krankenschwester durchaus geschätzt sind und oft genug in privaten Beziehungen ausgebeutet werden. Man könnte sagen, daß das hohe Ansehen im Privatleben mit dem niedrigen Anspruch des Berufs in der Klinik und mit seiner Familienfeindlichkeit korreliert. Diese Familienfeindlichkeit wird in fast allen Studien bestätigt: So ist der Pflegeberuf zwar von den Tätigkeiten her eindeutig ein Frauenberuf, aber was die Belastung für das Familienleben angeht, ist er extrem, vielleicht mehr als andere Frauenberufe, frauenfeindlich.

Der Beruf verspricht eine Vielfältigkeit, nicht nur im medizinischen und pflegerischen Bereich, sondern auch und gerade in der Arbeit mit

Menschen. *Faktisch* aber führt der Berufsalltag in einer Klinik zu einer Verzettelung; es gibt wenig qualifizierte Vielfalt, aber es gibt eine quantitative Anhäufung administrativer und hauswirtschaftlicher Tätigkeiten.

Ästhetik, Erotik und Arztnähe

Wir behaupten, daß der Beruf der Krankenschwester eine erotische Anziehung hat, die sich zunächst einmal auf Ärzte bezieht. Arztsein kann für viele Schwestern die männliche Variante der Fürsorge bedeuten, die männliche Variante des Schutzgebens. Der Arzt kann helfen, er hat Kompetenzen im Bereich von Körperlichkeit; er diagnostiziert, er therapiert, er operiert, er heilt und beherrscht Dinge, die «Sterblichen» angst machen. Möglicherweise sind die «magischen» Zuschreibungen für Ärzte inzwischen verblaßt oder zurückgedrängt, aber noch in den sechziger Jahren tauchten Buchtitel auf wie «Hinter uns steht nur der Herrgott». Diese Nähe zu Gott, sei es durch Hilflosigkeit (Gott möge helfen) oder durch Kompetenz (fast so gut sein wie Gott), wird auch der Krankenschwester, die oft in ihren pflegerischen Kompetenzen der Hilfsigkeit ausgesetzt ist, einen gewissen Schutz versprechen – ohne ihn allerdings tatsächlich gewähren zu können.

Die Untersuchung von Ostner (1979, S. 67) kritisiert, daß Ärzte dazu neigen, sich von sterbenden Patienten zu distanzieren, weil sie sich in ihrem Selbstbild eher als Schöpfer von Leben und Gesundheit verstehen. Sie würden die naturgebundenen und nicht beherrschbaren Tätigkeiten an die Pflegenden delegieren. Der Arzt fühle sich als Anwalt des Lebens und keinesfalls als Mittler zwischen Leben und Tod.

Die Entmystifizierung setzt im Alltag ein: Ärzte werden als weniger kompetent erlebt, als es das gesellschaftliche Berufsbild, das individuelle Wunschbild und die Selbstdarstellung der Ärzte suggeriert haben. Freilich verspricht kein Arzt, alle Probleme lösen zu können. Es ist vielmehr ein über Jahrhunderte tradierter Mythos, der den Ärzten (Schamanen) und damit heute automatisch den Institutionen geradezu magische Kräfte zuschreibt.

Der Pflegeberuf verspricht Arztnähe. Wir sollten die Klischees nicht vergessen, die über tatsächliche oder auch phantasierte Heiratschancen einen Sog nach oben versprechen. Faktisch läßt sich dieser Sog nach oben nicht bestätigen. Die «Aufstiegschancen» durch Beziehung oder

Heirat mit einem Arzt sind seltener, als die Wünsche verheißen. Häufiger ist der Blick des Arztes nach unten auf «seine» Krankenschwester gerichtet. Volkholz (1973, S. 71) beschreibt die Abhängigkeit der Pflegenden von den Ärzten im Krankenhaus als eine historisch alte Erscheinung, die er als Pflegehierarchie bezeichnet und die auch heute noch in dem Autonomieanspruch der Ärzte und den entsprechenden Kompetenzbereichen der Pflegenden sichtbar werde. Auch andere Studien sprechen von den Schwestern als «Erfüllungshilfen» der Ärzte (Ridder 1980, nach Taubert 1987, S. 67) und von der «ärztlichen Assistenz» der Schwestern (Taubert, 1987, S. 68). Die sehr unterschiedlichen Rechte zwischen Ärzten und Schwestern behandelt Jacobs in diesem Band (S. 31 ff). Mitspracherecht bei ärztlichen Tätigkeiten haben die Schwestern nie oder höchst selten; umgekehrt jedoch beanspruchen Ärzte durchaus das Recht, in Angelegenheiten der Pflege mitzureden.

Wenig Kommunikation, hohe Selbständigkeit, wenig Kontrolle seitens des Arztes und die absolute Selbstverständlichkeit, ärztlichen Belangen den Vorrang einzuräumen, prägen das tatsächliche Beziehungsgeflecht zwischen Arzt und Schwestern. Ärzte erwarten von den Schwestern verbale Enthaltsamkeit; sie dürfen die Patienten nicht über ihre Krankheit aufklären, müssen aber gleichwohl ärztliche Versäumnisse kompensieren, etwa wenn die Ärzte ihre Patienten nur unzureichend oder unverständlich informiert haben. Darüber hinaus beklagen Schwestern auch, daß ihr eigenes Informations- und Kommunikationsbedürfnis von Ärzten ignoriert wird und daß ihren Patientenbeobachtungen nicht viel Aufmerksamkeit geschenkt wird (Schönhals 1987, S. 29–33).

Die phantasierte erotische Beziehung mit dem Arzt kann sich auch in einer sublimierten Form darstellen: Vater und Mutter als ein liebendes, fürsorgliches Elternpaar wenden sich dem Patienten zu. Aber auch diese Umwandlung der Erotik in Elternschaft ist im heutigen Klinikalltag unmöglich geworden, nicht nur weil Elternschaft an sich die Erotik in den Hintergrund drängt, sondern auch weil die Statusunterschiede zwischen Arzt und Schwester das Entstehen von Paar- oder Teambeziehungen verhindern.

Als Schwester kann man phantasieren, daß man für viele Männer, die als Patienten im Krankenhaus sind, begehrenswert erscheint. Was für Männer wahrscheinlich eine schöne Phantasie ist, entpuppt sich für die Krankenschwester häufig als etwas sehr Belastendes. Aspekte des Grabschens, des Erniedrigtseins kommen oft genug hinzu. Dieses Begehrenswerte für Männer (und vielleicht nicht nur für sie) wird durch viele äußere Anteile der Krankenschwester nahegelegt. Ihre Kleidung ist die eines Mädchens, sie ist unschuldig, sauber, adrett, rein. Bei Übergriffen von Männern wird diese Reinheit «beschmutzt», das Beschützenswerte des weißgekleideten jungen, flinken Mädchens mit Häubchen zerrinnt unter den Fingern. Das heißt nichts anderes, als daß diese zarte Erotik in der Praxis sexualisiert und damit entwertet wird.

Moral

Alle im Pflegebereich durchgeführten Untersuchungen fördern eine hohe Helfermotivation von Krankenschwestern und Krankenpflegern zutage. Diese Helfermotivation darf jedoch nicht mit dem sogenannten Helfersyndrom gleichgesetzt werden, wenngleich dieses oft genug eine Rolle spielt.

Das «Helfersyndrom» geht davon aus, daß Helfende oft abgelehnte Kinder waren und als Erwachsene keine gegenseitigen Beziehungen eingehen können. Sie sind stark identifiziert mit Über-Ich-Anforderungen, durch die sie ihre versagenden Eltern übertreffen wollen. Sie bleiben narzißtisch bedürftig, weil sie ihr reales Selbst mit ihrem Ich-Ideal gleichsetzen. Um dieses Ich-Ideal als das eigene Selbst anerkennen zu können, vermeiden sie die Beziehung zu Nicht-Hilfsbedürftigen und lassen allenfalls indirekte Formen von Aggressionen zu (Schmidbauer 1977, S. 92; vgl. in diesem Buch S. 65 ff).

Selbst wenn wir nicht von diesem Helfersyndrom ausgehen wollen, ist die Hilfsmoral getragen von der Anforderung an sich selbst, Gutes zu tun, den Nächsten zu lieben und menschlicher Leere entgegenzutreten.

Krankenschwestern streben danach, Leben zu erhalten, Menschen gesund zu machen, Menschen vom Tode zu erretten. Dies wird auch in dem Wunsch nach ganzheitlicher Pflege, das heißt nach einer intensiven Beziehung zu ihrem Patienten immer wieder deutlich.

Aber diese moralische Position des Hilfeleistenden stürzt immer wieder ab, etwa wenn Patienten Distanz signalisieren, wo die Schwester eigentlich Nähe will. Manche Patienten wollen gar keine ganzheitliche Pflege, manche Patienten verlangen lediglich Serviceleistungen.

Oft genug kann die Krankenschwester nicht mit der Dankbarkeit von Patienten rechnen, entweder weil dieser den Service der Klinik, vertreten durch die Krankenschwester, als selbstverständlich erwartet, oder weil er so ermattet ist, daß er nicht mehr dankbar sein kann und will. Möglich ist auch, daß in den Augen des Patienten allein der Arzt wirklich Gutes tut, nicht die Krankenschwester. Die Schwester gilt in diesem Szenarium allenfalls als Angestellte, als Hilfskraft des Arztes.

Ein anderer «moralischer Aspekt» ist, daß man sich mit einem sozialen Beruf vom Kapitalismus und der «Ellenbogengesellschaft» absetzen kann. In der Berufsanfangssituation ist diese Gegenstruktur zu einer gesellschaftlich weitgehend verbreiteten Berufsmotivation sicher tragfähig, sie wird aber notgedrungen verschlissen. Die Berufe im Gesundheitsbereich sind keinesfalls gleichwertig, sondern unterliegen höchst unterschiedlichen Wertschätzungen. Wenn die Schere zwischen der Pflege und der Medizin so weit auseinandergeht, ist es nicht erstaunlich, daß die Zerstörung des anfänglichen Idealismus nicht lange auf sich warten läßt.

Eine weitere «moralische Illusion» ist die Erhaltung von Leben. Die vielen Menschen, die in der Klinik sterben, zerstören dieses Selbstbild fast völlig. Der Traum, den kranken Patienten fit und gestählt ins Leben schicken zu können, löst sich auf, weil zum Klinikalltag stets auch das Sterben gehört. Wer diesen Prozeß nicht bewältigen kann, daß Medizin und Pflege nicht alles heilen können, der muß zwangsläufig abstürzen.

Ebenso muß es dem bereits erwähnten Helfer-Ideal ergehen: Die Identifikation des realen Selbst mit dem idealen Selbst kann häufig nur durch Verleugnung der Realität aufrechterhalten werden.

In der Ausbildung wird ein hoher Anspruch erzeugt, der Anspruch der ganzheitlichen Pflege. Dies besagt, daß nicht nur ein Ausschnitt des Menschen oder seines Lebens gesehen werden soll, sondern «das Ganze». Das macht den Beruf attraktiv, sinnvoll und läßt die Arbeit menschenwürdig erscheinen. In der Praxis aber sieht dies völlig anders aus: Der Praxisschock führt zur plötzlichen Erkenntnis, daß von ganzheitlicher Pflege nicht die Rede sein kann. Dies nicht etwa, weil sie nicht realisierbar wäre, sondern weil wirtschaftliche Gründe einer ganzheitlichen Pflege entgegenstehen. Die Zahl wird von den finanziellen Möglichkeiten bemessen. Und dieser Zeitrahmen läßt keine ganzheitliche Pflege zu. Das Tragische daran ist aber, daß die Schwester immer wieder erlebt, daß ganzheitliche Pflege sinnvoll wäre. Es ist also anders als etwa im Lehrerberuf, wenn der Lehrer erkennen muß, daß seine pädagogischen Prinzipien bei bestimmten Kindern nicht greifen. Er hat eben noch keine richtige Methode für diese Kinder.

Im Krankenpflegeberuf sieht dies anders aus: Schwestern sind oft sicher, daß sie sinnvollere Arbeit machen könnten, wenn die Zeit und Finanzstrukturen dies zuließen. Diese Situation muß Wut produzieren, muß das Gefühl von Hilflosigkeit aufkommen lassen. Die Konsequenz daraus ist die große Zahl der Berufsaussteiger.

Macht

Ein Phänomen, das den Pflegenden Macht gibt, ist der Vitalitätsvorsprung, der durch die ständige Konfrontation mit Schwächeren entsteht und den sie, wenn sie es wollte, durchaus genießen könnte. Selbst wenn die eigene Vitalität durch den Berufsalltag geschwächt wird, ist die Krankenschwester doch immer noch stärker als viele Patienten. Dieses Bewußtsein um die eigene Lebendigkeit und Vitalität hat aber einen hohen Preis, nämlich die Konfrontation mit Leiden, Begrenztheit des Lebens, mit Sterben und Tod.

Manche Krankenschwestern betonen ihre natürliche therapeutische Kompetenz: Manche Menschen können demnach gut mit Patienten umgehen, nicht so wie Therapeuten, die dies erst mühsam lernen müssen. Diese Kompetenzen wollen eingebracht werden. Manche Schwester mag das unbewußte Bild haben, daß Patienten sich nach diesem Einfühlungsvermögen sehnen oder gar davon abhängig werden. Der Absturz muß erfolgen, wenn man erkennt, daß es Patienten gibt, die dieses Einfühlungsvermögen ablehnen und dafür allenfalls einen Fachmann rufen bzw. die Schwester eben nicht als Fachfrau anerkennen. Diese Motivation muß aber auch versagen, wenn festgestellt wird, daß auf der Station für diesen therapeutischen Anspruch an den Beruf kein Raum ist.

Gefährliche Nähe?

Zum Schluß wollen wir ein wichtiges Dilemma des Pflegeberufes herausarbeiten. Wir haben festgestellt, daß die oberste Berufsmotivation in fast allen Studien die Arbeit mit Menschen, den persönlichen Kontakt herausstellt. Der Kontakt zum Patienten ist aber von vielem abhängig, unter anderem auch vom Pflegesystem. Die Unterscheidung Funktionspflege versus patientenorientierte Pflege birgt ein Dilemma. Die Funktionspflege hat den Vorteil, daß Handlungsabfolgen routiniert und zeitökonomisch durchgeführt werden können. Die Nachteile der Funktionspflege liegen auf der Hand. Die Rationalisierung verdinglicht den Patienten und verringert die Freiheitsspielräume und Qualifikationsanforderungen an das Pflegepersonal. Je mehr Routine sich im Alltag einschleicht, um so weniger kann der Patient selber geachtet werden (Ridder, 1980, nach Taubert, 1987, S. 62). Der verdinglichte Patient soll sich in den Gesundheitsproduktionsprozeß reibungslos einpassen. Reibungslos einpassen müßte sich aber sicherlich auch die Krankenschwester.

Patientenorientierte Pflege oder auch ganzheitliche Pflege hat den Vorteil, daß sie eine persönliche Beziehung zuläßt, die dann aber auch allen Belastungen des Klinikalltags und des Krankheits- und Gesundheitsprozesses ausgesetzt wird. Wir haben bereits weiter oben darauf hingewiesen, daß auch die *Nähe* zum Patienten ein Streßfaktor sein kann, dessen Auswirkung nicht unterschätzt werden darf. Als eine der wichtigsten psychischen Belastungen sehen wir die ständige Konfrontation mit Leiden, Sterben und Tod von Patienten an. Ridder (1980, zitiert nach Taubert 1987, S. 55) denkt, daß auf die ganzheitliche Medizin die psychotherapeutische Situation gedankenlos übertragen worden ist. Damit würden die alten Berufsideale der Krankenschwester, freundlich und gleichmäßig zugewandt zu sein, wieder aufleben können.

Wir schließen uns diesen Überlegungen an: Die hochgelobte patientenorientierte Medizin und Pflege, die auch unter dem Begriff «Ganzheitlichkeit» modern verpackt ist, kann sich genau als Belastung für die Pflegenden herausstellen und als «tödlich» für den Berufsstand.

Literatur

Albrecht et al.: *Arbeitsmarkt- und Arbeitsbedingungen des Pflegepersonals in Berliner Krankenhäusern* Berlin 1981
Bauer, Annemarie et al.: *Ausbildungs- und Berufsverläufe von Krankenschwestern und Krankenpflegern. Empirische Gesamterhebung an der Universitätsschwesternschule Heidelberg*, Heidelberg 1987

Evang. Fachverband für Kranken- und Sozialpflege e. V.: *Berufsmotivation und Berufsflucht in Pflegeberufen,* 1988

Forschungsgruppe Schönhals: *Untersuchungen über die motivationalen Bedingungen des Mangels an Krankenpflegepersonal,* in: Robert Bosch Stiftung (Hg.): *Berufliche Motivation von Krankenpflegepersonal. Materialien und Berichte 22,* Stuttgart 1987, S. 1–40

Hampel: *Professionalisierungstendenzen in Krankenpflegeberufen,* 1983, zitiert nach «Forschungsgruppe Schönhals»

Hirsch: *Arbeitsbelastung und deren Bewältigung* 1983, zitiert nach «Forschungsgruppe Schönhals»

Ostner, Ilona, und Beck-Gernsheim, Elisabeth: *Mitmenschlichkeit als Beruf. Eine Analyse des Alltags in der Krankenpflege,* Frankfurt 1979

Ostner, Ilona, und Krutwa-Schott, Almut: *Krankenpflege – ein Frauenberuf?,* Frankfurt 1981

Pinding, Maria u. a.: *Krankenschwestern in der Ausbildung,* Stuttgart 1972

Ridder: *Patient im Krankenhaus: Personenbezogener Dienst auf der Station,* 1980, zitiert nach «Forschungsgruppe Schönhals»

Schmidbauer, Wolfgang: *Die hilflosen Helfer. Über die seelische Problematik der helfenden Berufe,* Reinbek 1977

Siegrist, Christian: *Arbeit und Interaktion im Krankenhaus,* 1978, zitiert nach «Forschungsgruppe Schönhals»

Taubert, Johanna: *Von der krankheitsorientierten zur patientenorientierten Krankenpflege,* 1984

Taubert, Johanna: *Literaturstudie zu motivationalen Bedingungen in der Krankenpflege,* in: Robert Bosch Stiftung (Hg.): *Berufliche Motivation von Krankenpflegepersonal. Materialien und Berichte 22,* Stuttgart 1987, S. 43–78

Volkholz, V.: *Krankenschwestern, Krankenhaus, Gesundheitssystem,* Stuttgart 1973

Wolfgang Schmidbauer

Neue Motive aus der Asche der alten?

Die Unzufriedenheit der Pflegenden

Schul- und Ausbildung bedürfen großer gesellschaftlicher Investitionen. Im Wettbewerb der Industriegesellschaften wird dabei dem technisch-naturwissenschaftlichen Zweig die mit Abstand größe Aufmerksamkeit geschenkt. Diese Fixierung läßt sich etwa am «Sputnik-Schock» verdeutlichen, der eine Umstrukturierung der amerikanischen Bildungsprogramme einleitete. Sie läßt sich auch gegenwärtig wieder beobachten: Zahlreiche Expertenkommissionen studieren derzeit das japanische Bildungssystem, welches für den Vorsprung dieses Landes in der Hochtechnologie verantwortlich gemacht wird.

Verglichen mit solchen Anstrengungen, finden Reformbemühungen im Bereich der Gesundheitsberufe in einem Schattenreich statt. Wenn überhaupt angegangen, betrafen sie den technisch-medizinischen Sektor, in dem spektakuläre Leistungen – etwa Herzverpflanzungen – ein Klima schaffen können, das mit der technischen Konkurrenz auf anderen Gebieten verwandt ist. Man könnte sagen, daß hier die Reformmotivation durch *Zug* entsteht. Die Öffentlichkeit erkennt, daß anderswo mehr geleistet wird, und sucht nun Möglichkeiten, solche Leistungen auch im eigenen Haus zu erzielen. In den Pflegeberufen hingegen wird die Öffentlichkeit allein durch *Druck* motiviert. Weder die Tatsache, daß in diesem Bereich Ausbeutungsverhältnisse herrschten, die anderswo längst überwunden waren, noch Reformerfolge anderer Länder wurden beachtet, solange es genügend Pflegepersonal gab. Und wenn es fehlte, dann dachten die Verantwortlichen eher an den Import von ausländischen Arbeitskräften als an Reformen. Erst massiver Druck, erst eine «Abstimmung mit den Füßen», das heißt die massenhafte Abwanderung qualifizierten Personals, setzt gegenwärtig Reformpläne in Gang.

Weibliche Arbeitskräfte gelten als «Reservearmee» auf dem Beschäftigungsmarkt. In Zeiten der Hochkonjunktur werden sie rekrutiert, in Zeiten der Flaute können sie problemlos in die Familien- und Kinderarbeit zurück entlassen werden. Daran haben alle Emanzipationsbemühungen weniger geändert, als man glauben möchte. Noch immer ist es im statistisch vorherrschenden Fall die Frau, welche zu arbeiten aufhört, wenn ein Kind erwartet wird. Die medizinischen Pflegekräfte scheinen in diesem Kontext eine Eliteeinheit in dieser Reservearmee. Sie werden in einem Alter mit körperlichen und emotionalen Belastungen konfrontiert, mit denen verglichen sowohl die normale Büro- wie die übliche Familienarbeit vorwiegend Annehmlichkeiten zu bieten scheinen. Weder die Personalchefs der Betriebe noch die Ehemänner von Pflegerinnen fühlen sich für den Pflegenotstand verantwortlich, wenn sie unbekümmert jungen Krankenschwestern in den ersten Berufsjahren eine bequemere oder einträglichere Arbeit versprechen. Warum sollten sie auch? Eine *examinierte* Pflegerin verdient etwas weniger als beispielsweise eine junge Sachbearbeiterin, die von einer großen Versicherung angelernt wird. In der Pflege hat sie kaum Aufstiegsmöglichkeiten, sie muß Schichtdienst leisten und steht unter großem Leistungsdruck. In der Versicherung hat sie eine geregelte Arbeitszeit, einen ruhigen Bildschirmplatz, meistens Zeit für eine Plauderei mit einer Kollegin. Fehler in der Pflege können einen Menschen das Leben kosten; ein Fehler im Büro ist nur ärgerlich.

Dieser äußeren Situation korrespondiert bei den Pflegerinnen häufig eine innere Entwicklung, die zum Zusammenbruch der bisherigen Berufsmotivation führt. «Zusammenbruch» ist dabei ein zu dramatischer Ausdruck. Es geht eher um einen relativ raschen Verschleiß, ein «Ausbrennen», das bei den frisch examinierten Pflegerinnen so rasch abläuft, daß nach wenigen Jahren bereits die meisten von ihnen wieder den Beruf verlassen haben. Die Qualität des «Frauenberufs» reicht als Erklärung nicht aus. In anderen Bereichen – vor allem den höherqualifizierten, etwa bei Lehrerinnen oder Ärztinnen – führt eine Ehe nicht zum Ausstieg, eine Schwangerschaft allenfalls zu einer kurzen Unterbrechung der beruflichen Laufbahn.

Ich will zunächst die von Annemarie Bauer und Doris Prinzl-Wimmer zusammengetragenen Untersuchungsergebnisse zu den «Abstürzen» der Motivation im Pflegebereich um qualitative Gesichtspunkte ergänzen, die aus der Supervisionsarbeit und aus Gruppendiskussionen mit Pflegepersonal deutlich wurden.

Der weiße Kittel

Während der dreijährigen Unterrichtsphase trägt die künftige Pflegerin einen farblich abgesetzten (blauen oder grünen) Kittel. Viele Schwestern berichten, daß ihre ursprüngliche Motivation während dieser Ausbildungsperiode gut erhalten bleibt. Sie lernen wichtige Aufgaben kennen, werden mit dem menschlichen Körper, mit Krankheitslehre, Pflegetheorie und Pflegepraxis vertraut gemacht. Sie arbeiten auf einer Station, sind aber nie allein verantwortlich. Es gibt immer jemanden, den sie um Rat bitten können und der sich um sie kümmert. Sie gestehen sich Fehler zu und erwarten auch von den Kolleginnen, daß diese ihnen ihre Fehler verzeihen. Die Arbeit ist, auch durch den Wechsel der Stationen, reich an Abwechslung und Kontakt, sei es mit Patienten, sei es mit Kolleginnen.

Diese Situation ändert sich schlagartig mit dem Examen, welches der voll ausgebildeten Schwester das Recht gibt, nun den weißen Kittel zu tragen. Sie ist nun fertig, sie muß alles können, wird für den Schichtdienst eingesetzt und ist nicht selten nachts für dreißig und mehr Schwerkranke verantwortlich. Fehler werden nun nicht mehr verziehen.

Die Ansprechpartner der Schülerin waren andere Pflegekräfte, die Verständnis für sie hatten und sie stützten. Die examinierte Schwester wird von Ärzten angeleitet. Sie hat oft den Eindruck, zerrissen zu werden: Sie soll sich nicht nur um die Patienten, sondern auch um die Ärzte kümmern, aus ihnen herausfragen, was nötig ist, «hinter ihnen herrennen». Sie fühlt sich nicht mehr auf dem Weg in einen idealisierten Beruf hinein, sondern auf einem Tiefpunkt, wo alle Ansprüche und Frustrationen bei ihr landen, während Anerkennung und Dankbarkeit bei den Ärzten hängenbleiben.

Praxisschock

In einer hochentwickelten Gesellschaft ist die theoretische Vorerfahrung zur typischen Bedingung von Berufstätigkeit geworden. Das heißt, daß jede(r) Berufstätige ein abstraktes, idealisiertes Bild seiner Aufgaben entworfen hat, das sich zunächst vor allem aus seinen Ausbildungserfahrungen speist. Typisch für die helfenden Berufe ist die Erwartung einer engen menschlichen Beziehung, in der Anerkennung und Dankbarkeit gefunden werden, ohne selbst emotional gebunden zu sein. Man wird geliebt und kann selbst distanziert bleiben. In diesen Fällen enthalten die ersten, ungeschützten Begegnungen mit der Praxis ein hohes Enttäuschungspotential. Plakativ gesagt: Gerade dann, wenn sie Unterstützung und Anleitung am meisten benötigen, sind die Angehörigen vieler helfender Berufe ihrer unvertrauten Praxis schutzlos ausgeliefert.

Die formalisierte Ausbildung mit dem Etikett des «berufsfertig» Examinierten wird der Realität nicht gerecht. In bezug auf die Pflegerin bedeutet das: Sie hat während der Ausbildung gedacht, ihrem Ziel eines engen, befriedigenden Kontaktes während ihrer Tätigkeit immer näher zu kommen und immer sicherer zu werden, daß ihre Wahl und ihr Weg *richtig* waren. Die Praxissituation der examinierten Pflegerin ist jedoch vielfach so beschaffen, daß sie nicht mehr einzelne, korrigierbare Aspekte ihrer Praxis als unbefriedigend erlebt, sondern den Eindruck gewinnt, immer weiter von ihren ursprünglichen Zielen *entfernt* zu werden.

Fragmentierung

In vielen anderen Helfer-Berufen ist die Ausbildung stärker fragmentiert als die spätere Tätigkeit. Psychologen, welche Statistik pauken müssen, oder Ärzte, die sich auf ihre Prüfungen in Physik und Chemie vorbereiten, erleben gerade die klinische Phase ihrer Ausbildung als befriedigend und hoffen – zum Teil mit Recht – auf eine ganzheitliche, selbstbestimmte Arbeit «mit Menschen». In den Pflegeberufen ist diese Situation häufig umgekehrt; sie wird zumindest so erlebt. Die Schwesternschülerin erlebt ihre Ausbildung ganzheitlicher und zum Teil selbstbestimmter. Sie hat mehr Zeit für sich und für die Patienten. Sie erlebt den Abschluß ebenso als Verlust von Schutz und Freiraum wie als ersehnten Schritt in eine selbstbestimmte, autonome, eigene Kreativität freisetzende Tätigkeit. Sie ist plötzlich einer Institution ausgeliefert, in der sie viel zu tun, aber wenig zu sagen hat. Was sie ersehnte, sieht sie denen zufließen, die in der Hierarchie über ihr stehen und dazu auch noch besser bezahlt werden.

Darin unterscheidet sich die Situation der jungen Pflegerin von der einer Versicherungsangestellten. Auch diese erlebt das Lohngefälle in einer Hierarchie, aber die Arbeit ist weitgehend für alle gleich frustrierend oder befriedigend – Schreibtischarbeit eben –, es gibt nicht eine andere Berufsgruppe, die genau das hat, was einem selbst fehlt.

Die Schwester hat ihren Beruf aus verschiedenen Motiven gewählt, die zwischen bewußt und unbewußt changieren. Sie enthalten sehr häufig den Wunsch, wichtig zu sein für andere. Das ist ein sehr einfühlbares und berechtigtes Anliegen, das freilich die moderne Arbeitswelt nicht selten exemplarisch frustriert (beispielsweise in Gestalt der Fließbandproduktion). Während der Ausbildung hatte sie den Eindruck, wichtig zu sein. Nun erkennt sie sich als ein Atom im weißen Kittel neben anderen Atomen, austauschbar, mit einem Gattungsbegriff («Schwester!», nicht «Schwester Maria» oder «Frau Müller») belegt. Jetzt erlebt sie, daß der Arzt viel wichtiger ist als sie. Er tut in ihren Augen viel weniger für den Patienten – denn Tag und Nacht zuständig bleibt doch sie – und wird dennoch von diesem sehnsüchtiger erwartet. Seine Worte werden aufmerksam entgegengenommen, während sie eher die Klagen darüber hört, daß der Arzt nicht geholfen hat und so lange auf sich warten läßt. Die Psychodynamik gleicht häufig der in einer Familie, wo Kinder die mütterliche Fürsorge selbstverständlich konsumieren und die kleine freundliche Geste des selten vorhandenen Vaters mit glühender Dankbarkeit feiern.

Aber noch wesentlicher ist eine andere Fragmentierung der Pflege, die in den letzten zwanzig Jahren den Alltag in der Akutmedizin mehr und mehr bestimmt. Die technischen Fortschritte der Medizin haben dazu geführt, daß es immer mehr ältere, mehrfach pflegebedürftige Patienten gibt (während die Personalschlüssel konstant blieben). Die Pflege eskalierte zur Intensivpflege. Wo einmal nur Menschen waren, die sich dem Kranken zuwandten, stehen heute komplizierte Maschinen um das Krankenbett.

Die Intensivstation ist eines der zentralen Beispiele für den Wandel in der Pflege, den weder die Medizin noch die (erst in Ansätzen existierende) Pflegewissenschaft bewältigt haben. Sie hat eine Übermacht der Elektronik und Mechanik über die menschliche Arbeit geschaffen, die nur rational, nicht aber emotional verarbeitet werden kann. Die berufliche Identität der Mediziner und der Ingenieure hat sich auf Kosten der Pflegekräfte erweitert. Ärzte beherrschen die Apparate, Pflegerinnen und Pfleger bedienen sie. Der emotional befriedigende Aspekt der Pflege – einen Leidenden durch Krankheit oder Operation bis zur Gesundung zu begleiten – verkümmert hier. Sobald der Patient in der Intensivstation ansprechbar ist, ein zwischenmenschlicher Kontakt also möglich wäre, muß er auch verlegt werden; der nächste vital bedrohte Patient wird hereingerollt und an die Apparate gehängt. Die psychische Gesamtbelastung ist in der Intensivstation ungleich größer (denn jeder kleine Fehler, jede Nachlässigkeit kann den Tod bringen). Ein großer Teil der Patienten stirbt. Andere werden zwar am Leben erhalten, doch um den Preis dauernder, multipler Schäden, die wiederum die nachfolgenden Pflegestationen belasten. Wie an vielen Orten, zeigt auch hier die technische Entwicklung ihren Doppelcharakter als Wohltat und Plage: Was manche rettet und bewahrt, raubt anderen die Gnade des rechtzeitigen Todes.

Wo Maschinen dominieren, wird die Fragmentierung zum Effektivitätsideal, das Fließband zur wirtschaftlichsten Lösung. Ausdruck dieser Entwicklung in den Kliniken ist die «Funktionspflege». Sie trägt dazu bei, daß sich ein Patient in einer modernen Klinik ähnlich behandelt fühlt wie ein Werkstück in einer automatisierten Fabrik, das an verschiedenen Robotern vorbeigleitet, an dem hier etwas befestigt, dort etwas abgezapft, hier wieder etwas eingespritzt wird; jeder hinzuspringende Arbeiter konzentriert sich voll auf den einen Handgriff, den er perfekt beherrscht. Eine Schwester übernimmt für alle Patienten auf der Station das Fieber- und Blutdruckmessen, eine andere bringt das Essen, die nächste serviert ab, eine teilt Medikamente aus, verbindet, eine bettet, eine wäscht usw.

Dem Arbeitspsychologen ist diese Funktionspflege ein Greuel, gerade weil sie beim Personal oft nicht unbeliebt ist. Anscheinend drückt sie nicht nur die Verkümmerung und Entleerung der Pflegetätigkeit aus, sondern bietet auch Möglichkeiten, sie besser zu ertragen. Wer immer nur einige Handgriffe leistet und beim gegenwärtig versorgten Kranken schon an den nächsten denkt, ist zwar nicht in der Lage, die Beziehung zu einem leidenden, geängstigten Menschen wahrzunehmen. Aber er wird auch nicht von ihr behelligt. Die Pflegearbeit wird zur Fabrikarbeit. Kann jemand erwarten, daß unter diesen Umständen die aufgeweckten, menschlich interessierten Pflegekräfte bleiben und umgekehrt jene abgeschreckt werden, die dazu neigen, in stumpfer Routine dahinzuwursteln?

Faszination und *burn out*

Die psychoanalytische Forschung über die subjektiven Qualitäten des helfenden Berufs hat ergeben, daß die Faszination dieser Tätigkeit, ihr antidepressiver Effekt, weitgehend davon abhängt, ob der Helfer seine Interaktion mit dem Schützling ungestört, als zentrale Figur der Szene, durchführen kann. Die Burnout-Forschung über das «Ausbrennen» der Motivation hat diese Beobachtung bestätigt. Je stärker fremdbestimmt, je unvollständiger und je mehr institutionellem Druck ausgesetzt die Interaktion abläuft, desto größer ist auch das Risiko, daß der Helfer «ausbrennt» und nicht mehr angemessen arbeiten kann. Solche Fakten hängen mit dem zentralen unbewußten Motiv für die Helfer-Rolle zusammen: mit dem «Nehmen im Geben», der Identifizierung mit einer ideal fürsorglichen Gestalt, welche man einst, mit unerträglichen Gefühlen verletzter Abhängigkeit, schmerzlich vermißt hat.

Die traditionellen helfenden Berufe, ob «alte» Helfer (Priester, Lehrer, Arzt) oder «neue» (Psychotherapeut, Eheberater, Sozialpädagoge), sind auch als «Professionen» beschrieben worden. Das Wort hängt wohl mit dem lateinischen profiteri («bekennen») zusammen, das die theologische Wurzel des Wortes Professor (analog zu Confessor, dem Beichtvater) bloßlegt. Der Arzt in seiner Praxis, der Priester in seiner Kirche, der Lehrer vor seiner Klasse haben alle zumindest dem Anspruch nach die Chance, daß die gesamte Interaktion von ihnen gestaltet und beurteilt wird, daß sie Anfang und Ende bestimmen. Sie fühlen sich durch die Einmischung Dritter gestört und konnten, zumindest was das Beichtgeheimnis und die ärztliche Schweigepflicht betrifft, den von ihnen gewünschten Schonraum auch gegenüber der Gesellschaft durchsetzen.

Mit der zunehmenden Individualisierung und Verweltlichung der modernen Gesellschaften erfaßten solche professionellen Idealvorstellungen auch Berufsgruppen, die traditionell keinen Anteil an solchen selbstbestimmten, professionellen Qualitäten hatten: etwa die Pflegeberufe. Umgekehrt werden durch die zunehmende Bürokratisierung und die wachsenden Abhängigkeiten in vielen Bereichen die professionellen Möglichkeiten der Selbstbestimmung und Unabhängigkeit beschnitten. Wie sehr, davon zeugt nicht zuletzt die sogenannte Lehrer-, Ärzte- oder Psychologen-«Schwemme». Dieser statistisch nachweisbaren Flut steht die Ebbe im Pflegesektor gegenüber. Gemessen an den Bedarfszahlen gibt es in einer Stadt wie München dreimal so viele Fachärzte wie nötig; umgekehrt klagen die Verantwortlichen in nahezu allen Kliniken über den Pflegenotstand.

Der Pflegenotstand hängt also damit zusammen, daß die professionellen Ideale der «höheren» helfenden Berufe auch von den «niederen» rezipiert werden. Eine solche Entwicklung ist von Anfang an in den Selbstverwirklichungstendenzen der bürgerlichen Gesellschaft angelegt gewesen. Aber ähnlich wie bei der Frauenemanzipation konnte der Widerspruch zwischen dem Ideal persönlicher Selbstverwirklichung durch Leistung einerseits und fixierter Rollenungleichheit andererseits bemäntelt und durch moralische Axiome («Die Frau gehört ins Haus!») gekittet werden, bis die Entwicklung der Konsumgesellschaft das soziale Klima so umgestaltete, daß die öffentliche Bereitschaft mehr und mehr abnahm, Aufopferung als tragenden Wert anzuerkennen. Solange Sparsamkeit, im klassisch-kapitalistischen Sinne einer Anhäufung von «Verdienst» für eine in die Zukunft projizierte Belohnung, ein zentraler Wert blieb, war die Befriedigung eigener materieller oder prestigehafter Ansprüche erschwert. Im Rahmen von Sozialisationsbedingungen, in denen es eher als Torheit gilt, sich erst morgen etwas zu leisten, was man – auch um den Preis von Schulden – schon heute kaufen kann, ist das nicht mehr der Fall.

In der Diskussion um die Motive der Pflegenden läßt sich gelegentlich beobachten, wie traditionell-moralisierende Kategorien eine Analyse des gesellschaftlichen Wandels ersetzen. Vor allem wird nicht zwischen den «höheren» und den «niedrigeren» Berufen unterschieden und glatt behauptet, daß in *allen* helfenden Berufen ein Motivationseinbruch zu verzeichnen sei.[1] Die Faszination der «höheren» Berufe hat keineswegs nachgelassen, im Gegenteil. In den selbstbestimmten helfenden Professionen, also nicht nur bei Ärzten und Psychologen,

1 Zum Beispiel von Otto Speck, der behauptet, daß vor zehn Jahren der «Impuls zu einer sozialen Tätigkeit» deutlich «größer war als heute», und von einer «Egoismus-Epidemie» spricht: «Der einzelne ist mehr mit sich selbst beschäftigt. Solidarität ist zum Mangelbegriff geworden.» Specks moralisierende Position wird auch in der Rede von einem anonymen Psychotherapeuten deutlich, der viele mit seinem Buch von den «hilflosen Helfern» aufgeschreckt und dort vor allem neurotische Fehlmotivationen, falsche Nächstenliebe und verdeckte Machtbedürfnisse beschrieben habe. Der analytischen Untersuchung von altruistischen Motiven und den narzißtischen Bedürfnissen bei Helfern wird hier die moralisierende Kategorisierung «guter» und «schlechter» («neurotischer») Motivation aufgepfropft. Vgl. O. Speck, *Warum, wieso soll jemand uns pflegen?*, in: Süddeutsche Zeitung, 22.2.1992.

sondern auch bei Hebammen, Krankengymnastinnen, Ergotherapeuten und Logopäden, gibt es weitaus mehr Bewerber als Ausbildungsplätze. Nur dort, wo die Tätigkeit keine Selbstbestimmung verspricht, sind die Bewerberzahlen gesunken. Umgekehrt sind Frauen, die früher in der Pflege tätig waren, unter den Bewerberinnen für selbstbestimmtere helfende Berufe häufig vertreten. Eine Krankenschwester, die sich entschließt, als Heilpraktikerin oder Hebamme zu arbeiten, verdient nicht unbedingt mehr und arbeitet nicht weniger als früher. Aber sie kommt dem professionellen Ideal näher. Sie ist die zentrale Gestalt der Interaktion, sie bestimmt das Geschehen, sie ist nicht ein Rädchen in einer Maschinerie, deren Tempo und Richtung sie kaum beeinflussen kann.

Die, verglichen mit allen anderen Berufen, weit höhere Zahl der Pflegekräfte, die kurz nach dem Examen aussteigen, spiegelt nicht nur die als unbefriedigend erlebte Arbeit, die Fremdbestimmung, den extrem hohen Verantwortungsdruck, die schlechte Bezahlung oder die Isolation im Schichtdienst. Die Aussteigerinnen reagieren auch darauf, daß ihnen eine berufliche Perspektive fehlt, eine Aussicht, daß die gegenwärtige Härte in absehbarer Zeit durch eine Veränderung belohnt wird. Nicht die Opferbereitschaft schlechterdings ist gesunken (denn es gibt beispielsweise kaum eine anstrengendere und stärker fordernde Tätigkeit als die des Assistenzarztes, und dennoch finden sich hier auf jede offene Stelle zwei- bis dreistellige Zahlen von Bewerbern), sondern die Toleranz für die *Perspektivlosigkeit* des Opfers.

Dieser Aspekt wird in den Diskussionen häufig verschwiegen, und zwar gerade von den «höheren» Professionellen. Sie sind gerne bereit, für bessere Bezahlung des Pflegepersonals zu stimmen, denn dafür muß die Allgemeinheit aufkommen, wollen jedoch von strukturellen Veränderungen, von einer Einschränkung ihrer Macht, einer Durchlässigkeit im Sinne von Aufstiegsmöglichkeiten nichts wissen. Immer wieder begegnet der Supervisor im Krankenhaus der Situation, daß ein langjährig erfahrener Krankengymnast, eine Psychiatriepflegerin oder eine Stationsschwester über ihre mehr oder weniger gut verheimlichte Wut sprechen, mit der sie fast jedes Jahr einen jungen Arzt in ihrem Bereich empfangen, der – praxisunerfahren – von ihnen taktvoll über seine Fehler belehrt, in seinen Unsicherheiten gestützt werden möchte, aber dennoch fast doppelt soviel verdient wie sie.

Die Möglichkeiten, in den Krankenpflegeberufen eine fesselnde Perspektive zu gewinnen, sind kaum entwickelt. Erst in jüngster Zeit wurden überhaupt fachspezifische Fortbildungen aufgebaut – Fachschwestern für Kinderheilkunde, für Anästhesie, für Psychiatrie, Stationsleitungs- und Pflegedienstleitungskurse, um einige Beispiele zu nennen. Aber die Interessentinnen müssen diese häufig privat bezahlen oder sie durch langjährige Dienstverpflichtungen erkaufen. Die Spezialausbildung bietet keine nennenswerten Gehaltsverbesserungen und bringt häufig auch keine größere Unabhängigkeit in der Arbeit. Angesichts der Karrieremöglichkeiten in der Pflege gewinnt der Betrachter gelegentlich den Eindruck, daß hier noch ein manipulatives Verständnis von Ehre und Auszeichnung herrscht. Die Pflegerin, die unterrichten oder eine Station leiten «darf», soll sich geehrt fühlen, denn ihr Gehalt ist kaum höher als das ihrer Kolleginnen, die sich nicht für solche Positionen interessieren. Pflegedienstleitungen, selbst die formal der medizinischen und der Verwaltungsleitung gleichgestellten in der «Troika»[2], sind trotz hoher Verantwortung häufig noch Beinahe-Ehrenämter, die keiner Führungskraft in der Industrie zugemutet würden.

Militärische Traditionen

Auf der Suche nach einer Antwort, weshalb in den medizinischen Institutionen ein derart atavistisches Verständnis von Arbeitsorganisation herrscht, kommen wir um die Einsicht nicht herum, daß alle Beteiligten Opfer einer militärisch-hierarchischen Tradition sind. Diese führt dazu, daß die Organisationen nicht auf die Bedürfnisse der Mitarbeiter reagieren können, sondern diese verdrängen, verleugnen und bekämpfen müssen. Dabei wäre es verfehlt, nun die Ärzte als Sündenböcke anzusprechen. Sie sind ebenfalls die (privilegierten) Opfer von Strukturen, die sie nicht zu verantworten haben, von Aufträgen, gegen die sie sich nicht wehren können. Die gesamte Lage wird von Zwängen bestimmt, die der Situation in einer kämpfenden Truppe gleichen. Auch hier ist gefordert, zu funktionieren, ohne Fragen zu stellen oder Veränderungen einer Hierarchie einzuklagen, die den mündigen Bürger als gestört und dysfunktional erscheinen läßt.

Wo Pflegerinnen zu gehorchen haben, ohne daß ein Auftrag der Be-

---

2 Die Klinikleitung durch ein gleichberechtigtes Dreiergremium von Verwaltungs-, ärztlichem und Pflege-Direktor.

fehlshaber besteht, ihre Anordnungen zu begründen, geht die emotionale Situation der Pflegenden als strukturbestimmendes Element verloren. In der Folge gehen in einer von Emanzipationsprozessen bestimmten Gesellschaft auch die Pflegenden der Institution verloren. Die immer wieder angesichts der verschiedenen Pflegenotstände beobachtete Neigung, nun Frauen aus traditionellen Gesellschaften zu importieren – etwa aus Korea, aus Jugoslawien –, artikuliert diese Vorgänge noch deutlicher. Sie erlaubt es den Verantwortlichen, sich noch eine Weile an dem Problem vorbeizumogeln. Die kurzfristige Entlastung macht jedoch die Grundsituation schwerer lösbar, wie etwa auch eine Ehekrise dadurch vertieft wird, daß einer der Partner Trost im Alkohol sucht. Auf lange Sicht wird sich das Aussteigen der Pflegerinnen nur dadurch beheben lassen, daß die Organisation der Arbeit im Krankenhaus vom Pflegepersonal gleichberechtigt mitbestimmt wird. Nur dadurch läßt sich die strukturelle Wurzel in den Kommunikationsschwierigkeiten beheben, die zwischen «Arzt» und «Schwester» herrschen. Gegenwärtig hängt es von der persönlichen Beziehungsfähigkeit beider Teile ab, ob die hierarchische Kluft überbrückt werden kann oder nicht. Viele Schwestern klagen darüber, daß die Ärzte zu kurz, zu unfreundlich, zu unverständlich und einfühlungslos mit ihnen sprechen. Umgekehrt klagen die Ärzte häufig über passiven Widerstand und «Auflaufen» bei den Pflegenden.

Stellen wir uns einen Industriebetrieb vor, in dem verschiedene Abteilungen kooperieren müssen. Es zeigt sich nun, daß in einer Abteilung die Arbeitszufriedenheit groß, die Quote der Beschäftigten, welche kündigen oder krankheitsbedingte Fehltage haben, viel geringer ist als in den restlichen Abteilungen. Die Leiter dieser anderen Abteilungen beklagen sich nun beim Direktor darüber, daß ihnen ihre Angestellten kündigen und sie Schwierigkeiten haben, den Betrieb aufrechtzuerhalten. Sie verlangen von ihm, daß er die Angestellten aus der gut funktionierenden Abteilung in ihre maroden Bereiche versetzt.

Der militärische Stil sieht hier kein Problem: Die Truppe wird in dem Frontabschnitt konzentriert, in dem ein feindlicher Druchbruch droht. Aber ein Management, das sich dem Wettbewerb auf dem Arbeitsmarkt stellt, würde diese «militärische» Lösung ablehnen. Der Vorstand einer Firma, dem seine Abteilungsleiter mit solchen Vorschlägen kämen, würde eher von ihnen verlangen, daß sie sich die Bereiche mit hoher Zufriedenheit *zum Vorbild nehmen*. Er würde sich fragen, ob er nicht, wenn er die zufriedenen Mitarbeiter an die Stellen versetzt, wo vor ihnen unzufriedene Mitarbeiter gekündigt haben, auf lange Sicht mehr verliert als gewinnt.

Ich habe dieses Beispiel gewählt, weil vor einigen Jahren der ärztliche Direktor[3] einer großen Klinik in München eine Station, in der wegen des guten Arbeitsklimas die Mitarbeiter lange Zeit blieben, mit dem Argument auflöste, er brauche das Pflegepersonal für jene Bereiche, in denen Notstand herrsche. Die Folge war der Verlust eines funktionierenden, aber kein Gewinn in den nicht funktionierenden Bereichen. Die verschaukelten Mitarbeiter kündigten. Es geht hier nicht um ein einzelnes Beispiel, sondern um die Tendenz, die es ausdrückt, das heißt um das fehlende Bewußtsein der «Kommandierenden», daß sie für die schlechte Moral der Truppe *verantwortlich* sind. Durch die Konstitution einer prinzipiell überlegenen, im einzelnen weder erklärungsbedürftigen noch verständlichen medizinischen Autorität fühlt sich die Schwester häufig aus dem Zentrum der Interaktion ausgeschlossen. In Zeiten des Personalmangels gewinnt dieser Ausschluß häufig einen *double bind*-Charakter. «Double bind» (doppelt gebunden) sind zuerst von dem Anthropologen Gregory Bateson in gestörten Familien beschriebene Situationen, in denen gleichzeitig einander widersprechende Botschaften präsent sind. Ein Vater sagt etwa zu seinem Sohn: «Du mußt dich endlich von deinen Eltern lösen und selbständig werden, obwohl ich mir nicht vorstellen kann, daß du das schaffst!» Oder eine Mutter versteinert unter der Umarmung ihres schizophrenen Sohnes, sagt aber: «Du mußt keine Angst vor deinen Gefühlen haben, Liebling!» Ähnlich wird der Schwester immer wieder vermittelt, daß sie nicht selbständig sein darf und doch selbständig sein muß, daß sie auf keinen Fall Entscheidungen treffen oder Eingriffe vornehmen darf, die Ärzten vorbehalten sind, aber doch den Ärzten lästige Situationen (zum Beispiel im Nachtdienst) vom Leib halten soll.

Wie mit einem Schalter in seiner Kompetenz an- oder ausgeknipst zu werden, das bedeutet eine narzißtische Belastung, der Frauen meist weit besser standhalten als Männer. Ihnen ist es vertraut, daß sie in Abwesenheit ihrer Partner eine Menge von Anforderungen bewältigen müssen, welche ihnen in deren Anwesenheit nicht mehr gelingen dürfen. In der Nachkriegszeit habe ich mit kindlichem Staunen die Metamorphosen der tüchtigen, selbständigen und unternehmungslustigen

---

3 Es war eine Universitätsklinik, in denen die «Troika» meist nicht eingeführt ist, sondern der Ordinarius allein regiert.

Frauen verfolgt, die während der Abwesenheit ihrer Männer im Krieg und in der Gefangenschaft ein Geschäft aufbauten, eine Landwirtschaft führten, Beruf und Kindererziehung zusammen bewältigten. Kaum war der Mann wieder da, verwandelten sie sich in bescheidene Hausfrauen, die ihren Tag damit verbrachten, Essen zu kochen, Fenster zu putzen und mit ihren Freundinnen zu klatschen.

So entsteht im medizinisch-klinischen Bereich eine einzigartige Form quasi-militärischer Struktur: Eine Frauentruppe wird von männlichen Offizieren geführt (Stations- und Pflegdienstleiterinnen entsprechen in diesem Modell den Unteroffizieren und Stabsfeldwebeln). Das heißt, daß die Hierarchie zwar sehr konkret ist, daß aber durch die Mann-Frau-Beziehung immer wieder verschleiernde und retardierende Momente ins Spiel kommen. Ein Pfleger, der eine Intensivstation leitet und berufspolitisch engagiert ist, erzählte mir vor einiger Zeit, daß die Ärzte dort mit manchen Ansprüchen von Anfang an nicht zu ihm, sondern zu seiner Stellvertreterin kämen. Von einem Mann erwartet ein Mann nicht, daß dieser ohne Auseinandersetzung eine Rechtsposition aufgibt. Aber eine Frau? Wenn man ihr ein paar freundliche Worte sagt, ein wenig vom Zuckerbrot der ganz besonderen Beziehung und Anerkennung anbietet oder aber mit der Peitsche des Liebesentzugs schnalzt?

Die konkrete Arbeitssituation ist es, die Berufsmotivationen aufrechterhält, sie entwickelt oder sie abnehmen läßt und auflöst. In ihr amalgamieren sich die verschiedensten Einflüsse: die Struktur der Institution, die Karrieremöglichkeiten, die Bezahlung und die persönlichen Beziehungen. Diese Faktoren müssen getrennt untersucht werden; wirksam sind sie immer alle zusammen. Wer polemisch oder defensiv argumentiert, versucht oft, ein Problem mit einem anderen totzuschlagen («es ist doch Quatsch, von der Mann-Frau-Beziehung in der Pflege zu reden, solange die Bezahlung so ungleich ist»). In solcher Weise vernetzte Systeme sind deshalb schwer zu erkennen und zu verändern, weil das Netz auch ein Schleier ist (was die Erkenntnis angeht) und andere Fäden die Last auffangen, wenn ein Faden reißt. So wird die Überlastung des Ganzen oft erst sehr spät deutlich. Es gibt viele Möglichkeiten, sie zu bagatellisieren («wir haben zur Zeit keine offenen Stellen», «in unserer Station klappt die Zusammenarbeit reibungslos»). Gerade deshalb ist es unerläßlich, ohne Panik zu erkennen, wie gefährdet unser System der Pflege gegenwärtig ist, und welchen wesentlichen Anteil an dieser Gefährdung gerade die Pflegerinnen haben, die nach einigen Berufsjahren für immer ihren Arbeitsplatz verlassen. Denn weil es sich um eine stumme, individuelle und für die Institution nur quantitativ relevante «Lösung» institutioneller Widersprüche handelt, reagiert die Institution auch nicht angemessen. Sie *muß* es nicht, sie verspürt keinen Druck, sondern registriert nur eine Ziffer.

Wenn in einer Berufsgruppe gerade jene ausscheiden, die energisch genug sind, Konsequenzen aus frustrierenden Erfahrungen zu ziehen, wird die Lage der Zurückgebliebenen noch schlechter. Das Veränrungs- und Protestpotential der Aussteiger geht der Einrichtung verloren, und weil es verloren ist, kann sich keine Veränderung entwickeln: So müssen noch mehr aussteigen. Solche Dominoeffekte gibt es auch im kleinen: Wenn in einer Station einige Stellen nicht besetzt sind, wächst auch die Neigung der dadurch belasteten, restlichen Pflegekräfte, zu kündigen. So können jähe, unvorhergesehene Einbrüche entstehen.

In manchen Fällen sammelt sich ein Bodensatz an resigniertem, verängstigtem, ausgebranntem Personal, das niemanden mehr aufnehmen kann, der Farbe und Dynamik einbringt. Wer nicht ebenfalls bald grau und routiniert wird, erträgt das Arbeitsklima nicht und geht. Eine Supervisorin hat mir von einer psychiatrischen Station berichtet, in der eine Gruppe von altgedienten, seit zwanzig und mehr Jahren hier tätigen Pflegern den Ton bestimmte. Die meisten hatten beruflich resigniert, blieben nur wegen ihrer Familie und des vor zehn Jahren gebauten, noch nicht abbezahlten Häuschens. Es gelang nicht, hier neue Arbeitskräfte mit Reformideen zu integrieren. «Ich hatte immer ein schlechtes Gewissen, wenn ich auf der Station Stöckelschuhe oder einen bunten Rock trug», sagte eine solche Pflegerin, die ihre Probezeit nicht verlängerte.

Es gibt – und das macht die Lage für jeden verwirrend, der eine eindeutige Ursache für den Motivationsmangel sucht – auch Gegenbeispiele, Stationen, in denen es trotz hoher Arbeitsbelastung und traditioneller Befehls- wie Bezahlungshierarchie bestens klappt, in der Ärzte und Schwestern gut zusammenarbeiten und sich wechselseitig stabilisieren. Das sollte jedoch keinen Beobachter verführen, zu übersehen, daß die Sicherheitsmarge solcher Systeme gering geworden ist. Es genügt, wenn ein Gruppenmitglied ausfällt, wenn ein kontaktfähiger Assistenzarzt durch jemanden ersetzt wird, der seine Unsicherheiten mit autoritärem Gehabe kompensiert – und schon kippt das Betriebsklima. «Wenn ich jemanden mag, dann warte ich eben nach der

Schicht noch ein wenig und mache eine Übergabe, die ihr viel Arbeit erspart. Und wenn sie mir egal ist, geht's eben nach Vorschrift, und sie kann sehen, wo sie bleibt.»

Solche emotionale Schattenarbeit, in den medizinischen Institutionen (und gewiß nicht nur in ihnen) an die Frauen delegiert und vorwiegend von Frauen ausgeübt, hält den Erosionsprozessen erstaunlich lange stand, welche Aufklärung und Emanzipation in Gang gebracht haben. Ganz anders als Speck, der ein Abflauen des Interesses an den sozialen Berufen nach dem hochfliegenden Reformoptimismus der 68er-Bewegung konstatiert, scheint mir ein Teil des Pflegenotstandes gerade durch die damals einsetzende, in alle Schichten der Helfer sikkernde Bewußtseinsveränderung bestimmt. Die Bürgerrechtsbewegung und der Antikolonialismus haben den Kampf um die Gleichstellung der Frauen neu belebt. Dadurch mußte der selbstverständliche und selbstgerechte Konsum weiblicher Dienstleistungen in Frage gestellt werden. Aber wenn sich Männer mit dieser Lage der Dinge konfrontieren, geraten sie leicht in Versuchung, über Verluste der (weiblichen) Liebesfähigkeit, des (weiblichen) Altruismus, der (weiblichen) Solidarität zu lamentieren. Beharrlich halten solche Männer an einem Bild der «richtigen», in ihren Augen «weiblichen» Frau fest, auch wenn nur noch wenige Exemplare ihren obsoleten Erwartungen entsprechen.

Rivalität und Solidarität

Verglichen mit militärischen Hierarchien, sind die mannweiblichen Hierarchien der medizinischen Klinik viel komplizierter. Der Mann ist für den Mann eher berechenbar, die sexuellen Beziehungselemente sind deutlicher zielgehemmt, die Bereitschaft, eine gemeinsame Basis von Egoismus, Machtbedürfnis und Rivalität zu akzeptieren, ist stärker ausgeprägt. Illusionen über die Qualitäten von Vorgesetzten und über die Möglichkeiten, deren Mängel durch intensive emotionale Zuwendung auszugleichen, sind in männlichen Gruppierungen seltener.

Die Supervision im klinischen Bereich zeigt oft, daß sich Frauen untereinander weniger solidarisieren, als es die gemeinsamen Interessen erwarten lassen. Statt Front gegen Übergriffe der Ärzte oder der Verwaltung zu machen, suchen manche Zuflucht auch bei der ungerechten Autorität und erhoffen sich so mehr Anerkennung oder geheime Privilegien. Wo die eigene emotionale Belastbarkeit als grenzenlos phantasiert, die eigene egoistische Bedürftigkeit im Unbewußten oder Vorbewußten mit Schuldgefühlen abgewehrt wird, fällt es schwer, unzweckmäßige Versuche aufzugeben, die institutionellen Widersprüche durch besonders gute Gefühlsbeziehungen, besondere Anstrengungen zu kompensieren. Dadurch werden für eine Veränderung der Institutionen nötige Klarheiten getrübt und strukturbedingte Konflikte personalisiert.

Nicht Arbeitsüberlastung und fehlende berufliche Perspektiven sind subjektiv «das Problem», weil die betreffende Krankenschwester mehr unter einer unfreundlichen Vorgesetzten leidet. Wenn es den Pflegenden bisher nicht leicht gefallen ist, durchsetzungsfähige, von einer breiten Mehrheit getragene Interessenvertretungen aufzubauen, ist sicher eine der Ursachen die in der traditionellen Frauen- und Schwesternrolle wurzelnde Neigung, Probleme persönlich zu nehmen. Lösungen werden eher in emotionalen Beziehungen gesucht, der rationale Egoismus politischer Interessenvertretung scheint bedenklich, ja abstoßend: Ein «schmutziges Geschäft», das reine Häubchen und Hände nicht beflekken darf. Die Rivalität um die «gute emotionale Beziehung» oder um die «gute Weiblichkeit» führt dazu, daß es unmöglich scheint, Forderungen an sich selbst, an die Vorgesetzten und an die Kolleginnen klar zu formulieren. Einige Beispiele für solche Konflikte zwischen Pflegerinnen:

1 Eine Altenpflegerin erzählt im Kollegenkreis, der sich regelmäßig zum Erfahrungsaustausch trifft, über die ambulante Betreuung einer alten, inkontinenten Frau, die an sich nicht bettlägerig ist, ihr aber immer zumutet, die schmutzigen Windeln vom Boden aufzulesen und in den Mülleimer zu schmeißen. Sie habe sich schließlich so über diese Zumutung geärgert, daß sie der Betreuten erklärte, sie sei nicht länger bereit, zu ihr zu kommen, wenn sie nicht nach ihren Kräften aufräume. Die anwesenden Pflegerinnen sprechen nun nicht über ihre eigene emotionale Belastung durch die Anspruchlichkeit von Klienten, sondern empören sich über die Kollegin, die ihren Unmut ausdrückt: Man dürfe doch zu hilfsbedürftigen alten Menschen nicht derart ruppig sein.

2 Beim regelmäßigen Frauentreff der Pflegerinnen und Therapeutinnen in einer psychosomatischen Klinik berichtet eine junge Schwester («zum ersten- und letztenmal», sagt sie nachher dem Supervisor) über ihren heftigen Ekel vor einer Bulimiekranken, deren Fingerkuppen durch den dauernden Kontakt mit Erbrochenem aufgeätzt sind. Sie habe schließlich der Patientin gesagt, es sei doch sehr unhygienisch, mit solchen Händen herumzulaufen und auf die Toilette zu gehen. Die Kolleginnen tadeln sie heftig für dieses einfühlungslose Verhalten.

③Während einer Diskussion über die Psychohygiene in der Pflege berichtet eine junge Schwester, wie sehr sie es vermißt, daß ihr der dauernde Zeitdruck den Raum nehme, mit den einzelnen Patienten ausführlich zu sprechen, sich beispielsweise einmal eine halbe Stunde ans Bett zu setzen und einen persönlichen Kontakt herzustellen. Sei diese Vertraulichkeit erst einmal geschaffen, mache es ihr auch nichts mehr aus, einmal wegen einer Kleinigkeit herbeigeklingelt zu werden. Andernfalls komme es schon vor, daß sie einen Patienten warten lasse oder nur unwillig zu ihm gehe. Nun meldet sich eine ältere Stationsschwester und hält dagegen, für solche Beziehungsaufnahme sei weder genügend Zeit vorhanden noch Extrazeit nötig. «Wenn ich morgens drei Patienten wasche, kann ich doch zu jedem während dieser Zeit eine Beziehung anknüpfen!»

④Eine junge Schwester berichtet, wie fürchterlich sie ihre ersten Schichtdienste nach dem Examen erlebt habe. Sie war verantwortlich für dreißig Patienten, einige davon mit frischem Herzinfarkt. Sie wußte nie, zu welchem sie zuerst laufen sollte, wenn mehrere zugleich nach ihr läuteten. «Wir sind doch alle ins kalte Wasser geworfen worden», hält ihr nun eine ältere Kollegin entgegen. «Irgendwann muß doch jeder selbständig werden!» In der Runde wird wenig später der Vorschlag diskutiert, die Nachtschicht grundsätzlich doppelt zu besetzen und dazu auch mehrere Stationen zusammenzulegen. Einige begrüßen das ausdrücklich, aber eine Schwester ist dagegen: «*Mir* macht das gar nichts aus, in der Nacht allein zu arbeiten.»

Hier wird nicht nur die Rivalität deutlich, welche Pflegerin nun das Ideal der allseitig belastbaren, stets emotional und praktisch kompetenten Frau am besten erfüllt, das auch in den Merksätzen der Ausbildung präsent ist (vgl. Jacobs: «Zehn Minuten vor der Zeit ist der Schwester Pünktlichkeit»). Ihre berufliche Rolle bewegt die Helferin, eigene Gefühle von Schwäche und Überlastung zu unterdrücken und zu

Das Kursbuch,
»eine der führenden intellektuellen
Zeitschriften im deutschen Sprachraum
und längst legendenumwoben« (*FAZ*),
ist »ein Fahrplan durch die Wirren
der Gegenwart« (*FR*).

◀ Ihr Lesezeichen zum Heraustrennen

Ja, ich abonniere das Kursbuch ab _____ als
Jahresabonnement zum Vorzugspreis von DM 40,–
plus Porto (Statt DM 13,– jetzt nur DM 10,– für das
Einzelheft).

Name _____

Adresse _____

Datum, Unterschrift _____

Ich wünsche Bankeinzug:

Kontonummer _____

BLZ, Bank _____

Als Begrüßungsgeschenk erhalte ich das Kunst-
plakat von A. und B. Blume *Alles Design.*

☐ Ich möchte zuerst das Kursbuch kennenlernen.
Schicken Sie mir ein Probeheft.

Kursbuch

Begründet von Hans Magnus Enzensberger. Herausgegeben von Karl Markus Michel und Tilman Spengler. Redaktion: Ingrid Karsunke

ROWOHLT
BERLIN

verleugnen. Daher kann sie diese auch nur bei den Patienten, den Pflegebedürftigen ertragen, nicht aber bei den Kolleginnen. Dann wäre ihre eigene Abwehr in Gefahr. Die Verführbarkeit durch eine idealisierte eigene Beziehungskompetenz arbeitet den Verwöhnungsbedürfnissen der Patienten und den Ansprüchen der Institution nach «aufopferndem» Personal in die Hände: Unmögliches erledigen wir gleich, Wunder dauern etwas länger. Solche narzißstisch besetzten Opfer-Haltungen sind eine wesentliche Ursache des «Ausbrennens». Die Helferin kann ihre Leistungsfähigkeit nicht regenerieren, indem sie sich gegen weitere Forderungen schützt und abgrenzt, wenn sie fühlt, daß diese ihr «an die Substanz» gehen. Nein, es gehört zu ihrem unbewußten Selbstbild, ihre Substanz zu opfern, auszubluten, ähnlich dem Pelikan der christlichen Mystik, der sich selbst in die Brust hackt, um seine hungrigen Jungen zu sättigen. Daraus folgt auch, daß die einzelne Schwester, wenn sie beruflicher Überlastung ausgesetzt ist, nicht nur von einem vernünftigen Ich bestimmt ist, das Protest anmeldet und Lösungen zu erarbeiten sucht. Es waltet in ihr auch ein irrationales Über-Ich, das die Überforderung gutheißt, die rastlose Arbeit als narzißstische Grandiosität und als Überlegenheit gegenüber «schwächeren» Frauen (und Männern) feiert und den Verzicht auf diese Aufopferung, das Zugeständnis «egoistischer» Bedürfnisse nach Schonung und Erholung als höchst bedrohlich erscheinen läßt. So wird begreiflich, daß diese in der Berufsmotivation angelegte, durch die Berufspraxis häufig unterstützte und verstärkte Schwierigkeit, vernünftig mit eigenen und den Schwächen von Kolleginnen umzugehen, individuelle, intime, eine Revision der eigenen Motive ersparende Auswege (wie den Ausstieg aus dem Beruf) fördert und kollektive, öffentliche, politisch-gewerkschaftliche Diskussionen und Durchsetzungen erschwert.

Entprofessionalisierung?

Wehrpflichtige werden nicht gefragt, ob sie dem Staat dienen wollen. Wer es nicht tut, wird bestraft; allenfalls kann er den «Zivildienst» wählen, eine Institution, die in Deutschland viele Einrichtungen der Altenpflege und Behindertenfürsorge vor dem Zusammenbruch bewahrt. Es paßt zu dem skizzierten Modell militärischer Traditionen im Pflegebereich, daß eine analoge soziale Dienstverpflichtung für Frauen geschaffen werden soll; Entwürfe liegen in den Schubladen von CDU-

und CSU-Ministerien. «Das soziale Pflichtjahr – ein Weg aus dem Pflegenotstand» lautete der Titel einer Rede, die Staatssekretärin Barbara Stamm am 11. März 1992 in München vortrug.

In der Tat ist diese Lösung für kostenbewußte und konservative Politiker verführerisch. Sie können auf eine Ursachenanalyse der Misere verzichten und auf dem Weg der Zwangsverpflichtung einer relativ machtlosen Bevölkerungsgruppe alle Löcher im Pflegebereich zustopfen. Womit? Mit nichtausgebildeten Arbeitskräften, die dringend auf die Anleitung der qualifizierten Pflegerinnen angewiesen sind. Wenn wir uns vorstellen, daß in einer gut funktionierenden Pflegestation, in der sämtliche Planstellen besetzt sind, als zusätzliche Hilfe einige zwangsverpflichtete junge Frauen arbeiten, mag das angehen. Aber wenn dieses Pflichtjahr als Ausweg aus einer Situation angeboten wird, die gerade durch die Abwanderung der qualifizierten Arbeitskräfte entsteht, dann scheint der Verdacht nur allzu begründet, daß es sich nicht um eine Ergänzung, sondern um einen Ersatz handelt.

Was bedeutet das? Wenn der Staat zu solchen Zwangsmaßnahmen greift, heißt das auch, daß er die Pflege für eine Tätigkeit hält, die keiner Qualifikation bedarf, in der aber eine Opferbereitschaft gefragt ist, die notfalls mit gesetzlichem Druck geschaffen wird – ähnlich der Bereitschaft junger Männer, fürs Vaterland zu kämpfen und zu sterben. Die Erschöpfung der Motivation wird nicht als Anlaß zu Reformen innerhalb der Institutionen genommen. Sie ist im Gegenteil vorprogrammiert. Die dienstverpflichteten Frauen sind nach zwölf oder achtzehn Monaten wieder frei, sie können nach dieser Phase eines erzwungenen Opfers ihren eigentlichen Interessen nachgehen. Die Arbeitsbedingungen können unreformiert bleiben. Die Arbeitskräfte sind nicht durch Anziehung, sondern durch Druck motiviert.

In der Zwangsverpflichtung von Rekruten steckt eine Art aggressiver Logik. Die traditionelle militärische Praxis des «Schleifens», eine Form des legalisierten Sadismus, führt am Ende dazu, daß die Wut über den Diebstahl an Zeit und den Zwang zu körperlichen und seelischen Aktionen am Ende umgeleitet wird in die Wut gegen den potentiellen Gegner. Der Soldat, der im Frieden seine Unteroffiziere haßt, lenkt diesen Haß im Krieg gegen die Feinde. Obwohl solche Mechanismen für «Bürger in Uniform» nicht sonderlich angebracht scheinen, sind sie nicht aus der Welt. Es wäre illusionär, anzunehmen, daß die Einrichtung der Wehrpflicht junge Männer animiert, liebe- und rücksichtsvoll miteinander und mit dem ihnen anvertrauten Gerät umzugehen.

Diese latente Stimulation von Aggressionen ist beim Militär nicht ganz unerwünscht, obwohl sie sicher in den Zeiten des Kampfes Mann gegen Mann angebrachter war als angesichts der modernen elektronisch gesteuerten Waffen. Die Opfer sind wehrhaft oder (im Fall des malträtierten Geräts) unempfindlich. Aber angesichts pflegebedürftiger Menschen wird dem Betrachter unwohl, wenn er sich vorstellen muß, sie würden Personen anvertraut, die sie nur unter Zwang versorgen. Hier scheint die konservative Phantasie der betreffenden Politikerinnen und Politiker den Blick auf die Realität einer individualisierten Gesellschaft zu verstellen. Die Hypothese hinter dem Pflichtjahr erinnert an andere Versuche, Frauen durch Druck und Drohung dem traditionellen Bild von Weiblichkeit wieder anzunähern. Wenn man eine Achtzehnjährige und eine Greisin zusammensperrt, wird der weibliche Pflegeinstinkt schon dafür sorgen, daß die junge Frau sich liebevoll der Alten annimmt!

Während die männlichen Zivildienstleistenden häufig motiviert waren, dem Wehrdienst soziale und pazifistische Ideale entgegenzusetzen, scheint es unrealistisch, solche Erwartungen an Frauen zu richten, die in dem sozialen Pflichtjahr auf eine Weise festgelegt werden, die ihnen weniger Auswahlmöglichkeiten bietet als die Wehrpflicht den Männern. Unleugbaren praktischen und zum Teil auch persönlichen Vorteilen (sicher ist es für Jugendliche eine nützliche biographische Erfahrung, mit Pflegebedürftigen konfrontiert zu sein) stehen also schwerwiegende Nachteile gegenüber. Zweifellos bringt die Professionalisierung in den Lehr- und Heilberufen auch viele Nachteile und Entfremdungen mit sich; das hat Ivan Illich überzeugend gezeigt. Aber Schritte, solche Professionalisierungen und die mit ihnen verknüpften Enteignungsprozesse rückgängig zu machen, dürfen nicht an Gruppen delegiert werden, die ohnedies benachteiligt sind: in diesem Fall an die Frauen, spezieller: an die Pflegenden, deren mühsam erkämpfte Qualifizierung durch solche Patentrezepte gefährdet würde.

Neue Motive

Was die Motivationskrise in den pflegenden Berufen angeht, wäre das soziale Pflichtjahr vor allem dann eine schlechte Antwort auf den Notstand, wenn den verantwortlichen Politikern keine andere einfiele. Wenn wir beachten, daß solche Maßnahmen auch heimliche Wirkungen entfalten, dann enthalten sie eine entmutigende Botschaft: Die Pflege ist und bleibt ein Bereich, in dem qualifizierte Arbeitskräfte problemlos ersetzt werden können. Die soziale Ambivalenz, mit der so häufig dem Beitrag der Frauen begegnet wird, die Kombination verbaler Hochschätzung und faktisch-materieller Geringschätzung, wäre um ein Element reicher.

In den Interessenvertretungen der Pflegenden werden andere Lösungen der Motivationskrise diskutiert: Bessere Bezahlung, verstärkte Qualifikationsmöglichkeiten, Eröffnung beruflicher Perspektiven. Auch diese Lösungen sind gewiß nicht perfekt. Sie übertragen teilweise fachfremde, akademische Modelle. Hier wird ein Widerspruch deutlich, den ich in «Helfen als Beruf» untersucht habe. Das Defizit in der Pflege liegt ja nicht so sehr in der formalen Qualifikation, sondern darin, daß es unmöglich geworden ist, in den gegenwärtig bestehenden medizinischen und sozialen Institutionen ohne eine an akademischen Idealen orientierte Qualifikation ein angemessenes Selbstvertrauen und eine in der Rivalität mit anderen Interessengruppen nötige politische Durchschlagskraft zu entwickeln. Es gibt keine Diplome in Mitgefühl und keinen Doktorgrad in herzlicher Zuwendung. Aber wer heute selbstbewußt vertreten will, daß solche akademischen Grade nichts zur Sache beitragen, der braucht einen akademischen Grad.

Es dürfte nicht leicht sein, den Pflegenden auf breiter Basis zu vermitteln, daß ein akademisches Studium ihre Schwierigkeit lösen bzw. erleichtern kann. Derzeit werden Fachhochschul- und Hochschulmodelle diskutiert. Die Pläne orientieren sich historisch an der Umwandlung von Armenpflegern und Fürsorgern in Diplom-Sozialpädagogen oder von Dorfschulmeistern in akademisch ausgebildete Grund- und Hauptschullehrer. In den USA ist diese Graduierungsmöglichkeit längst selbstverständlich. In Europa aber konstituiert sich das Selbstbewußtsein dieser Berufe nicht selten durch eine trotzige Absage an alles Theoretisieren, manchmal auch an jeden beruflichen Ehrgeiz. Er widerspricht dem aufgepfropften Ideal des Dienens. Wer sich für die Pflege entscheidet, muß die Konsequenzen tragen und sich damit abfinden, daß er nicht zu den erfolgsorientierten Leistungsmenschen gehört. Solche Klischees blockieren die Möglichkeiten, mit Veränderungen der beruflichen Motive angemessen umzugehen. Sie erschweren es sehr, neue Motive an die Stelle der alten, nicht mehr tragfähigen zu setzen, und fördern ein Arbeitsklima, in dem die Lösung aus belastenden Abhängigkeiten nicht durch Emanzipation, sondern durch Flucht gesucht wird.

Es gibt ein zynisch-treffendes Bonmot, wonach Psychoanalyse die ideale Kur für gesunde Menschen ist; es rekapituliert die viel allgemeinere Erfahrung, daß dem, der hat, eher gegeben wird als dem, der nicht hat. Ein ähnliches Gesetz gilt auch für das vorhandene oder fehlende Selbstbewußtsein der Angehörigen eines Berufs. Je mehr es bereits entwickelt ist, desto leichter wird es Mittel und Wege finden, sich zu stärken; je schwächer es ist, desto weniger Nutzen kann es aus solchen Angeboten ziehen. Wer sich die Pflegekräfte als gleichberechtigte und selbstbewußte Partner der Ärzte im Krankenhaus vorstellt, wer sich von einer Auflösung der professionellen Schranken die Entwicklung verkrusteter und auf lange Sicht von der Gesellschaft nicht finanzierbarer Institutionen erwartet, muß mit vielen Widerständen und Rückschlägen rechnen, mit Einwänden nicht nur von seiten derer, die in ihren Privilegien beschnitten werden, sondern auch von seiten derer, die sich von solchen Plänen überfordert fühlen, weil sie denken, sie müßten ihnen sofort gerecht werden.

Man sollte sich hüten, dienende, einem tradierten Klischee von Weiblichkeit entsprechende Ideale als tragende Motive für den Pflegeberuf zu überschätzen und sie – wenn sie schon in der Gegenwart kraftlos erscheinen – wenigstens für die Vergangenheit zu unterstellen. Immer schon war der Beruf der Krankenschwester durch äußere Zwänge definiert. Er bot die einzige Möglichkeit, spezifische Qualitäten der Frauenrolle im Beruf unterzubringen, eine Alternative zur Fabrikarbeit oder auch zur völligen wirtschaftlichen Abhängigkeit von einem Ehemann. Solange es für Frauen wenig andere Möglichkeiten auf dem Arbeitsmarkt gab, wurde das Notwendige mit Idealbildern im Sinne der Florence Nightingale geschmückt. Der ursprüngliche Traum des Helfer-Syndroms, das Nehmen im Geben, war wohl in der harten Arbeitsrealität damals fast ebenso rasch ausgeträumt wie heute. Die Schwestern mußten trotzdem weiterarbeiten. Sie hatten neben den stärker verbindlichen Traditionen auch keine andere berufliche Chance. Diese Situation hat sich durch die zahlreichen Möglichkeiten für Frauen, andere, qualifizierte Arbeit zu finden, grundlegend geändert. Die Institutionen haben bisher aus diesen Veränderungen nur sehr wenig gelernt.

Neue Motive lassen sich nur gewinnen, wenn dieser Lernprozeß nachgeholt wird. Die Chance dazu ist um so besser, je deutlicher auch in den medizinischen Einrichtungen moderne Konzepte der Organisationsentwicklung Eingang finden, welche die Arbeitszufriedenheit der Pflegekräfte als zentralen Faktor anerkennen. Die Schwestern, welche heute «mit den Füßen» gegen die tradierten Strukturen abstimmen, tragen zu diesem Veränderungsprozeß so ähnlich bei wie die «Republikflüchtlinge» zur Revolution der einstigen DDR. Es wäre eine große Hilfe, wenn die Politiker diesen Druck nicht durch Maßnahmen wie ein soziales Pflichtjahr oder den Import von Frauen aus ärmeren Ländern auffangen würden, sondern «von oben» den Auftrag an die betroffenen Einrichtungen ebenso klar formulieren könnten, wie es die Pflegekräfte durch ihre Abwanderung «von unten» tun.

In einem Industrieunternehmen ersetzt der Markt diesen Druck. Ein Betrieb kann in der Konkurrenz mit anderen Betrieben nicht mehr bestehen, wenn er sich nicht um die Arbeitszufriedenheit des Personals kümmert. Hier gibt es längst eigene, gut ausgestattete Abteilungen für Personalentwicklung, die in diesem Sektor die Wettbewerbsfähigkeit sicherstellen. Dieser «von oben» wirkende Marktdruck wird in den medizinischen und pflegerischen Einrichtungen nur sehr selten wirksam. Ein Beispiel bieten die Entbindungskliniken. Da hier gesunde junge, kritische Frauen zwischen verschiedenen Angeboten (und noch dazu in einer Zeit sinkender Geburtenquote) frei wählen können, haben sich diese Einrichtungen zumindest in Großstädten in einer Weise nutzerfreundlich entwickelt, die etwa in der Altenpflege oder in der Onkologie noch kaum denkbar wäre. Wenn – wie jüngst in München geschehen – eine Großstadt beschließt, die städtischen Krankenhäuser nicht mehr zentral zu verwalten, sondern jedem sein eigenes Budget zu geben und auf diese Weise auch Konkurrenz zwischen ihnen zu ermöglichen, dann kann das ein Schritt in die richtige Richtung sein. Auf diese Weise wird immerhin Bewegung in verkrustete Strukturen gebracht. Aber die militärisch-hierarchische Tradition ist immer noch so mächtig, daß Organisationsentwicklungen, die eine höhere Arbeitszufriedenheit der Pflegekräfte zum Inhalt haben, willkürlich durch Anordnungen eines ärztlichen Direktors gestoppt werden können.

Moderne Arbeitskräfte lassen sich nur dann halten, wenn sie mitbestimmen können, was an ihrem Arbeitsplatz geschieht. Es ist unerläßlich, daß sie persönliche Entwicklungsmöglichkeiten in ihrer Arbeit sehen und schließlich – die eigene Belastung und den eigenen materiellen und immateriellen Lohn abwägend – den eigenen Arbeitsplatz besser beurteilen als andere mögliche Arbeitsplätze.

Die Hilfe durch Supervision

Menschliche Motivation ist ein sehr komplexes Geschehen, das von zweckrationalen, materiellen Bedürfnissen bis in tiefere Schichten der existentiellen Suche nach Sinn und der sublimierten oder unmittelbaren Triebbefriedigung reicht. Es gibt in der Psychologie keine einheitliche, sondern viele unterschiedliche Theorien und Modelle über die Motive, welche einen Menschen bewegen, etwas zu tun oder zu unterlassen. Einigkeit besteht jedoch darin, daß es sich hier um einen sehr individuellen, persönlichen Prozeß handelt, angesichts dessen sowohl Forschungs- wie Veränderungsmaßnahmen ebenfalls höchst persönlich, auf Individuen und Situationen zugeschnitten sein müssen. In vielen psychosozialen Berufen hat sich deshalb in den letzten Jahrzehnten die Supervision etabliert (Pühl 1990, Pühl/Schmidbauer 1991, Schreyögg 1991). Sie wird auch in der Kranken- und Altenpflege zögernd rezipiert. In der Supervision geht es darum, die ursprüngliche, häufig unrealistisch-idealistische Berufsmotivation genauer zu erkennen und sie so schonend zu «ent-täuschen», daß sie sich auf einer gereifteren Stufe neu organisieren kann.

Supervision bietet (als nicht immer erreichte Zielvorstellung) einen geschützten, von Vertrauen bestimmten Raum außerhalb beruflicher Hierarchien und moralischer Bewertungen, in dem sich Helferinnen und Helfer über ihre inneren Konflikte, ihre Gefühls- und Handlungsprobleme klarwerden können. Sie erkennen zum Beispiel, daß sie sich Unmögliches vorgenommen haben, daß sie mit irrationalen Schuldgefühlen reagieren, weil sie einem Klienten nicht helfen konnten, oder sie verstehen, warum sie sich in einer Situation, ihren eigenen Vorstellungen widersprechend, aggressiv oder abweisend verhalten haben. (Vgl. «Gewalt in der Pflege», S. 108 ff)

Die Supervision ist vor allem ein Angebot zur Reflexion und zur emotionalen Entlastung im Austausch mit anderen Menschen, welche die Arbeitsbelastung einfühlend auffangen helfen. Daher ist es auch nötig zu bedenken, daß Supervision kein Patentrezept, vor allem keine Schnellösung des Pflegenotstands sein kann. «Die ganze Pflege geht den Bach runter, da hilft auch keine Supervision – kommen Sie doch mal auf die Station und helfen mit!» Diese Aussage einer jungen Schwester während einer Diskussion über psychologische Hilfsmöglichkeiten im Krankenhaus drückt diese Stimmung aus. Wer pflegt, steht unter Handlungsdruck und sieht im Nachdenken und Nachfühlen oft (und zwar um so eher, je stärker der Druck ist) nur Zeitverschwendung, keine Möglichkeit, berufliche Belastungen besser zu verarbeiten und neue, kreativere Lösungen zu entwickeln. Wer sich selbst wenig anerkannt fühlt, wird wenig Interesse dafür haben, den akademischen Helfer anzuerkennen, der stundenweise kommt, einen dann aber doch wieder allein läßt mit der körperlich und seelisch anstrengenden Arbeit. Und wird nicht alles noch lastvoller und trostloser, wenn die eigene Überforderung bewußter wird? Wenn man hört, daß andere ebenfalls überfordert sind, und nun vor der Wahl steht, entweder die Schwäche, die sie zeigen, zu bekämpfen, um die eigene Schwäche weiter verdrängen zu können, oder aber einzustimmen und so eine bisher latente Depression erst einmal bewußt zu erleben, ohne doch schon Alternativen zu erkennen?

Zweifellos kann Supervision die Arbeitszufriedenheit in der Pflege steigern; gleichzeitig kommt sie auch den Gepflegten zugute. Ohne solche Hilfen werden die starken Emotionen, die in der Auseinandersetzung mit Krankheit, Behinderung und Tod entstehen, abgekapselt und durch energische Reaktionsbildungen abgewehrt: durch betont sachliches, kühles Verhalten, durch Rückzug und Aufwertung administrativer oder technischer Arbeiten, Betonung von Hygiene und Zeitstruktur, Rücksichtslosigkeit, saloppe, abwertende Sprache («das Mammacarzinom ist heute nacht ex gegangen»). Annemarie und Ulrike Bauer berichten über Untersuchungen an Schwesternschülerinnen, die von sich behaupten, sie hätten emotionale Schwierigkeiten mit Ekel, Scham, Angst vor Behinderung und Tod bereits in den ersten Monaten der Ausbildung für immer «erledigt» (Bauer und Bauer, in Pühl 1990). Insgesamt ist nach den vorliegenden Erfahrungen über Supervision in der Pflege das Bedürfnis nach solchen Formen der Auseinandersetzung mit der eigenen beruflichen Situation in den Akutkrankenhäusern erheblich geringer als überall dort, wo langfristige Beziehungen zu den Gepflegten möglich und notwendig sind – also bei Krebspatienten, in der Behindertenpflege, in der Altenarbeit, in der Psychiatrie.

Wo sie allgemein eingeführt wurde und die Akzeptanzbedingungen günstig sind, festigt Supervision die Berufsmotivation des Pflegepersonals und vermindert die Ausfallzeiten durch Krankheit ebenso wie die Quote der Berufsaussteiger. Entsprechende Erfahrungen aus der Landesnervenklinik Salzburg wurden auf der Fachtagung für klinische Psychologie am 29. März 1990 in Wien mitgeteilt. Eine Besonderheit der Supervision in Salzburg ist auch, daß die Supervisoren sich einmal im Jahr mit den Direktoren der Klinik treffen und dort ihre Erfahrungen einbringen, wie die Arbeitsorganisation verbessert und den in der Supervision erkannten Bedürfnissen der Pflegenden angepaßt werden könnte.

Wenn Supervisoren glaubwürdig bleiben wollen, müssen sie aktiv gegen Versuche angehen, den Eindruck zu erwecken, als könnte die angeleitete Reflexion über die eigenen Motive und Möglichkeiten über materielle Benachteiligung und geringe berufliche Perspektiven hinwegtäuschen. Eine wesentliche Aufgabe der Supervisoren liegt hier darin, die Versuche zu hinterfragen, strukturelle Probleme der medizinischen und pflegerischen Institutionen durch persönliche Anstrengungen bis hin zur Selbstausbeutung zu verdecken. Supervision kann mehr Solidarität und einen vernünftigen Umgang mit belastenden Gefühlen ermöglichen, aber sie baut auf strukturellen Reformen auf und vermag diese nicht zu ersetzen.

Schluß

Der Pflegenotstand ruft nach einem *Bündel* von Maßnahmen. Einzelne Verbesserungen, so ermutigend sie sein mögen, sind angesichts des drohenden Zusammenbruchs nicht mehr ausreichend. Die Katastrophe ist schon da, aber sie läßt sich noch verdrängen, bis auf wenige, als extreme Ausnahmen geschilderte und in der Öffentlichkeit eher mit Sensationslust denn mit Bestürzung aufgenommene Alarmsignale (wie die Tötungen Schwerkranker durch Pflegepersonen). Die Verdrängung gelingt deshalb, weil die unbefriedigende Qualität der Pflege noch von den meisten Patienten in Kauf genommen werden kann. Man hat sich damit abgefunden, daß Krankenhäuser für den doppelten und dreifachen Preis nur einen Bruchteil des Services anbieten, der in einem mittelklassigen Hotel längst selbstverständlich ist. Die meisten Patienten lassen die Klinik hinter sich wie einen Alptraum; aus dem Bereich der Behinderten- und Altenpflege dringt nur wenig an die Öffentlichkeit. Alt, chronisch krank oder behindert zu sein, ist in der Konsumgesellschaft unerwünscht; man möchte nicht an etwas erinnert werden, was jedes Menschen Schicksal ist, früher oder später. Die Medien berichten lieber über Fortschritte der Medizin als über Rückschritte der Pflege. Für Herz-/Lungentransplantationen, geriatrische Chirurgie oder einen Kernspintomographen ist es viel leichter, öffentliche Gelder lockerzumachen, als für mehr Planstellen und bessere Qualifikationen beim Pflegepersonal.

In das erforderliche Maßnahmen-Paket müssen nicht nur mehr materielle Anreize geschnürt werden, sondern auch mehr Mitbestimmung der Pflegenden. Sie sind der natürliche und meist viel zu wenig gehörte Anwalt der Patienten gegen blinden ärztlichen Aktionismus und gegen pseudo-lebensverlängernde Maßnahmen, die nur das Sterben hinauszögern, aber die Lebensqualität des Patienten verschlechtern. Da die Pflegenden eine Distanz zur Technik eher aufrechterhalten können als die Mediziner, können sie auch die Patienten (und hinter ihnen die Allgemeinheit) vor einer enorm kostenaufwendigen und an den Bedürfnissen der Patienten vorbeizielenden Maximalversorgung bewahren, wenn sie nicht in passive Duldung und geheime Resignation angesichts ärztlicher Übermacht verfallen, sondern zur Teilnahme an Teamentscheidungen motiviert werden sollen. Eine gewichtige Unterstützung könnte hier die Möglichkeit darstellen, sich als Pflegerin oder Pfleger akademisch zu qualifizieren, wie dies zum Beispiel in den USA längst selbstverständlich ist. Das Schwesternexamen müßte als Voraussetzung für ein Studium der Medizin oder der Pflegewissenschaft anerkannt werden. Wenn die Barrieren zwischen Ärzten und Pflegepersonal durchlässiger werden, können sich endlich – wie in psychosozialen Einrichtungen längst üblich – auch in der Medizin neue Formen der Teamarbeit ergeben. Die alten Hierarchien sind nicht mehr zeitgemäß. Wir müssen einsehen, daß wir die Menschen, von denen wir uns gerne pflegen lassen wollen, wenn wir hinfällig geworden sind, nicht für gute Worte und nicht durch harte Kommandos bekommen, sondern nur, wenn wir bereit sind, ihnen einen anderen Platz in der Gesellschaft einzuräumen, als sie ihn bisher innehaben.

Literaturauswahl

Bateson, G., *Ökologie des Geistes*, Frankfurt/M. 1983

Bauer, A., Bauer, U., *Macht und Kränkung als Korrelate pflegender Berufe*, in: Pühl, H. (Hg.), *Handbuch der Supervision*, Berlin 1990, S. 464–477

Beck, U., *Risikogesellschaft*, Frankfurt/M. 1986

Schmidbauer, W., Pühl, H., *Supervision und Psychoanalyse*, Frankfurt/M. 1991

Schmidbauer, W., *Die hilflosen Helfer*, Reinbek 1977

Schmidbauer, W., *Helfen als Beruf. Die Ware Nächstenliebe*, Reinbek 1992

Schreyögg, A., *Supervision. Ein integratives Modell*, Paderborn 1991

Notstands-Szenarien

Wolfgang Schmidbauer

Gewalt in der Pflege

Entstehung und Gegenmaßnahmen aus psychoanalytischer Sicht

Gewalt gegen hilf- und schutzlose Menschen ist in unserer Gesellschaft verpönt. Das war nicht immer so; erst die bürgerliche Aufklärung in Europa hat eine bis zum 18. Jahrhundert selbstverständliche Toleranz für Folter und Prügelstrafe in Frage gestellt und die damals herrschende Meinung aus den Angeln gehoben, ohne solche Mittel sei mit Kindern oder Delinquenten nicht fertigzuwerden. In den christlich geprägten Gesellschaften gibt es eine lange und unerfreuliche Tradition, im Dienste einer Verteidigung von Glaubensvorstellungen die körperliche Integrität von Mitmenschen zu verletzen; in der Bibel steht nicht nur das Gebot «Liebe deinen Nächsten wie dich selbst», sondern auch «Beuge ihm den Hals, weil er noch klein ist, bläue ihm den Rücken, weil er noch jung ist, auf daß er nicht halsstarrig und dir ungehorsam werde» (Jesus Sirach 30,12 nach Martin Luther).

Die körperliche Schonung und Rücksicht auf den Schwachen und Wehrlosen ist also keine fest und lange verwurzelte kulturelle Tradition, sondern eine sensible Errungenschaft der Neuzeit. Die Meinung, zivilisierte Menschen seien zu solchen Formen der Grenzüberschreitung und zu Rücksichtslosigkeit nicht fähig, ist eine Illusion. Viele historische Erfahrungen, aber auch psychologische Experimente (wie die von Milgram) belehren uns übereinstimmend, daß es von einer sozialen Dynamik abhängt, ob ein Mensch rücksichtsvoll und schonend mit einem Wehrlosen umgeht, oder gleichgültig, ja grausam und sadistisch. Brutale, berüchtigte KZ-Schergen haben nach dem Zusammenbruch des Dritten Reiches jahrzehntelang als friedliche, pflichtbewußte, beliebte Eltern, Nachbarn oder Mitarbeiter gelebt. Menschen, die in sich so gefestigt sind, daß sie unter dem Einfluß äußerer Umstände, die eine schlummernde Bereitschaft zur Verletzung und Schädigung eines Wehrlosen wecken, sich dieser Versuchung verweigern, sind sehr selten, repräsentieren jedenfalls nicht den Durchschnitt.

Ich will im folgenden die sozialpsychologischen Bedingungen untersuchen, die eine solche Gewaltbereitschaft fördern oder, andersherum gesagt, die Hemmungen, sich in dieser Weise zu verhalten, abbauen. Eine Vorbemerkung zu den speziellen Eigenschaften einer psychoanalytischen Argumentation scheint hier angebracht. Die Psychoanalyse hat nachgewiesen, daß die Symptome seelischer Störungen in vielen Fällen durch einen unbewußten Konflikt zwischen verpönten, dem bewußten moralischen Urteil unerträglichen aggressiven und/oder sexuellen Wünschen einerseits, der verinnerlichten Zensur und Abwehr solcher Triebe andererseits entstehen. Ob sich das im einzelnen Fall so verhält und wie dieser Zusammenhang aussieht, wird in einer relativ langwierigen Forschungs- und Therapiearbeit ermittelt. Eine Verallgemeinerung, gewissermaßen eine Plakatierung solcher Ergebnisse, sollte immer vorsichtig erfolgen. Wenn beispielsweise ein Analytiker vor ein Publikum tritt und ihm mitteilt, das Motiv für einen helfenden Beruf sei die Sublimierung des frühkindlichen Sadismus, wird er häufig Gelächter und Unverständnis ernten; ich denke zu Recht, denn eine solche plakative Formulierung wird dem einzelnen Menschen nicht gerecht, erfaßt die Vielfalt der möglichen Motive nur zum Teil und weckt durch die Verwendung eines gesellschaftlich abgelehnten Begriffs unzutreffende Vorstellungen. Hingegen würde die Schilderung eines konkreten Falles, etwa eines siebenjährigen Mädchens, das nach der Geburt eines Brüderchens von den Eltern beobachtet wird, wie es Käfern die Beine ausreißt und der Hauskatze die Schnurrhaare abschneidet, Aufmerksamkeit wecken. Vielleicht entsteht dann die Bereitschaft, darüber nachzudenken, daß die schamhafte Unterdrückung solchen Verhaltens eine Achtjährige prägen kann, die sich mit besonderer Fürsorge dem kleinen Bruder zuwendet, in der Schule dem Tierschutzverein beitritt und später den Beruf der Krankenpflegerin wählt.

Insgesamt scheint ein Vorzug der Psychoanalyse darin zu liegen, daß sie Denkverbote aufhebt, daß sie von uns verlangt, unsere moralischen Vorstellungen zurückzustellen und auch der grausamen, schattenhaften Seite des Menschen gewahr und bewußt zu werden. Angesichts der Gefahren in der Pflege, Gewalt auszuüben, scheint dieses Bewußtsein sogar besonders notwendig. Denn die Erfahrung zeigt, daß vollzogene Gewalt vertuscht wird, so lange es irgend möglich ist — entweder ist sie nicht geschehen, oder der Bewohner hat sich selbst verletzt, ist umgefallen, hat sich gestoßen. Oder es war eigentlich nicht der Rede wert, die Gewalt entstand zufällig, die Hand ist ausgerutscht, es gibt gar kein handelndes, verantwortliches Ich, sondern nur ein Versehen, das eigentlich nicht passiert ist. Man kann auch im Team nicht darüber sprechen, höchstens mit einer verschworenen Gemeinschaft, die gerade in der Grenzüberschreitung zusammenhält.

Über die *Phantasie*, gewalttätig zu werden, sich sadistisch zu verhalten, darf hingegen in einer dafür aufgeschlossenen Helfer-Kultur gesprochen werden. Und wenn wir uns mit solchen Phantasien beschäftigen, gewinnen wir eine Möglichkeit, den Brunnen zuzudecken, ehe das Kind hineinfällt. Wir können Bedingungen analysieren, können teilweise die bedrohlich angesammelte Wut verbal abreagieren, können nach Entlastungen suchen, solange der Handlungsspielraum noch nicht durch den Vollzug des Verbotenen eingeengt ist.

Ich sagte eben, daß eine Helfer-Kultur möglich ist, in der solche Phantasien diskutiert werden, in der sie nicht als erster Schritt zum Unaussprechlichen, Bösen angesehen werden, sondern als natürliche, zu erwartende menschliche Reaktion, die nicht zur Tat, sondern zur Reflexion führen sollte. Aber das heißt nicht, daß diese Helfer-Kultur überall existiert; es gibt sie nur selten, unter besonders günstigen Umständen. Was wir beobachten, ist häufig das Gegenteil: Es wird verboten, über solche Gefühle und Phantasien zu sprechen, sie werden für unvereinbar mit einem Ideal der Helfer-Persönlichkeit erklärt, und die heilsamen oder entlastenden Potentiale, die in einem offenen Gespräch über solche Gedanken stecken, werden nicht genutzt.

Wenn aber nun die institutionelle Unterdrückung, das Wegsehen und Totschweigen nicht mehr möglich sind, wenn unübersehbar geworden ist, daß Patienten oder Altenheim-Bewohner mißhandelt wurden, hebt eine Sündenbockjagd an, die es kaum mehr zuläßt, etwa zugrundeliegende Mißstände zu erkennen und sich über Lösungsmöglichkeiten Gedanken zu machen. In den Helfer, der daran denkt, seinen Schützling zu erschlagen, kann ich mich einfühlen – ich habe auch schon öfter daran gedacht. In den, der es tatsächlich tut, kann ich mich nicht mehr einfühlen. Im Gegenteil, die Begegnung mit ihm ist so erschreckend, weckt soviel Abwehr, daß die Gefahr einer Verdrängung des ganzen Problems entsteht, nach dem Motto: So etwas darf es doch nicht geben! Hier ist das absolut Böse in unsere heile Welt eingebrochen.

Das bisher Gesagte läßt sich zu einer ersten These zusammenfassen: Unsere gesellschaftlich vorherrschende Einschätzung des Helfer-Verhaltens ist an einem unrealistischen Ideal orientiert. Helfer werden nicht nur von außen primär unter einem Über-Ich-Aspekt gesehen, auch in ihrem Selbstbild dominiert oft die Gewissensinstanz über das Ich, oder allgemeiner, über den vernünftigen, realistischen Kompromiß zwischen den gefühlshaften Grundlagen des Verhaltens und den äußeren Leistungsforderungen. Diese Situation führt dazu, daß affektive Durchbrüche nicht als realistische Gefahr vorausgesehen und bereits im Vorfeld – das heißt einem Phantasiestadium – beachtet werden, sondern so lange unterdrückt werden müssen, bis jede Möglichkeit einer Steuerung oder Situationsänderung verloren ist.

Nun ist aber der plötzliche Durchbruch von Gewalt bei einem bisher oft sogar besonders aufopfernden und rücksichtsvollen Menschen nur eine Seite des Problems der Gewalt in der Pflege. Bedrohlicher und dem Ansehen der Pflege schädlicher sind chronische Entgleisungen, ein Stil der Mißhandlung, der sich unter Umständen sogar als pflegerische Notwendigkeit rechtfertigen möchte. Ein solcher Fall machte in Bayern Schlagzeilen. Vor Gericht verantworten mußte sich die Leiterin eines privaten Pflegeheims in Garmisch, die es für unerläßlich angesehen hatte, unruhige alte Menschen den ganzen Tag an einen Stuhl zu binden. Ich zitiere aus dem Bericht von Hans Holzhaider in der *Süddeutschen Zeitung* (3.7.1991): «... wenn sich die Gerichtsreporter am Ende eines Verhandlungstages noch miteinander unterhalten, dann reden sie darüber, wie man sich wohl am sichersten das Leben nehmen könnte, falls man jemals in die Situation käme, in solch ein Altenpflegeheim eingewiesen zu werden.»

Was der Prozeß ergab, zeigt auch, wie wenig sich solche chronischen Mißhandlungen (zu denen gelegentliche Ohrfeigen als eher «harmlose» Zutat kamen) aus einem individuellen Versagen allein begreifen lassen. Einige wesentliche Punkte:

Die 55jährige Heimleiterin war unqualifiziert; sie hatte nur einen Kurs als Schwesternhelferin absolviert. Dennoch wurde sie die Verantwortungsträgerin für 17 alte Menschen. Das Heimgesetz von 1974 räumt zwar dem zuständigen Ministerium das Recht ein, Mindestanforderungen für Heimleiter zu erlassen. Aber die wechselnden Bundesminister haben bisher solche Forderungen nicht formuliert, offenbar, weil sich Länder und Bund darüber nicht einigen konnten.

🌑 Mit zwei, maximal drei Pflegekräften wurden zwischen 15 und 17 pflegebedürftige Alte betreut. Selbstgefährdete, geistig verwirrte Bewohner können damit gewiß nicht angemessen versorgt werden. Aber Behörden, Ärzte, Angehörige hatten keine Einwände. Während manche Zeugen das Essen miserabel und die Pflege unverantwortlich nachlässig fanden, urteilten andere – darunter ein Arzt –, dieses Pflegeheim sei nicht schlechter gewesen als andere. Ein Kriterium hierfür war, daß es dort seltener nach Urin gestunken habe als in anderen Heimen.

🌑 Nicht nur die Beamten im zuständigen Landratsamt, die ins Haus geladenen Ärzte und die Angehörigen, die für solche Pflege immerhin 3000 Mark im Monat zahlten, unternahmen lange Zeit nichts. Auch die Altenpflegeschule, welche ihre Schülerinnen zum Praktikum schickte, hatte nichts dagegen, daß die Praktikanten Formulare unterschreiben mußten, wonach jede Äußerung gegenüber Dritten bezüglich heiminterner Sachverhalte untersagt sei. Eine frühere Praktikantin, die während des Prozesses aussagte, brachte die typische Ambivalenz in solchen Situationen zum Ausdruck: Einerseits wolle sie auf keinen Fall, daß die Angeklagte jemals wieder Macht über alte Menschen ausüben könne. Andererseits wolle sie ihr nichts anhängen und fände das Gerichtsverfahren sinnlos. «Damals hat man uns mundtot gemacht, heute macht man einen Riesenpalaver.»

Tatsächlich hatten Amtsträger vom Minister bis zum Landrat ihre Aufsichtspflicht schludrig wahrgenommen und sich anschließend auch mit der Gesetzgebung unendlich viel Zeit gelassen. Für den Garmischer Prozeß, der am Ende eine Geldstrafe von 5000 Mark für die Heimleiterin erbrachte, wurde einschließlich Exhumierungen, Beamtengehältern und Anwaltshonoraren sicherlich soviel Geld aufgewendet, daß man darüber ein halbes Dutzend zusätzliche Pflegekräfte für ein Jahr hätte bezahlen können. Die Reaktion der Zeugin, die selbst als Praktikantin darunter gelitten hatte, daß sie unter dem Druck einer kompakten Mehrheit die Mißstände verschweigen mußte, später aber zahllose Schuldzuschreibungen und Schauergeschichten in den Massenmedien vorfand («Horrorheim», «Folterheim»), macht eine andere Seite dieses Widerspruchs deutlich. Die Pflegerinnen und Pfleger, die mehrheitlich professionell und kompetent arbeiten, die Freude an ihrem Beruf haben und den Familien die Last abnehmen, ihre Alten selbst zu versorgen, werden in der Presse nie erwähnt. Gesellschaftliche Aufmerksamkeit scheint ihr Beruf nur zu finden, wenn sie versagen.

Ich komme nun zu einer neuen Frage: Warum ist die psychologische Situation in der *Altenpflege* so besonders belastend? Die spektakulären Fälle von Patiententötungen auf Intensiv- oder Pflegestationen in Wuppertal und Wien-Lainz betrafen immer alte Menschen. Die Pflege eines hilflosen Alten hat eine technische Verwandtschaft mit der Säuglingspflege – Füttern, Windeln. Emotional gesehen ist die Sorge für ein Baby aber zukunftsgerichtet und voller Hoffnung auf Wachstum und Lebenssteigerung, während die Gebrechlichkeit des Alten zunimmt und Hoffnungen auf Genesung nur selten erfüllt werden. Zudem sind Säuglinge naiv, sie empfinden ihre Hilflosigkeit nicht wie viele Alte als Erniedrigung, als Schwäche, die sich manchmal ein aggressives Ventil sucht. Einnässen, Nahrungsverweigerung oder Beschimpfungen sind Äußerungsformen eines solchen Protests.

Gewalt ist in solchen Arbeitsfeldern mithin die Folge einer Entgleisung der Interaktion. Damit läßt sich eine Situation beschreiben, die aus anderen Abhängigkeitsbeziehungen bekannt ist, etwa aus dem Eltern-Kind-Verhältnis oder der Ehe. Der in solche Teufelskreise Verstrickte fühlt sich als Opfer, das sich nur wehrt, das nur reagiert. Das «schlimme» Kind etwa, das nicht sauber wird, vermittelt seinen Eltern ein Gefühl des Versagens. Umgekehrt kritisieren diese das Kind und geben auch ihm das Gefühl, ein Versager zu sein. Wenn, wie es mir kürzlich geschehen ist, eine vierzigjährige Psychologin erzählt, ihre Mutter habe ihr noch *nie* etwas zu Weihnachten geschenkt, was ihr gefallen hätte, erkennt der Beobachter, wie hartnäckig solche Kämpfe sein können. Die Tochter vermittelt der Mutter, wie wenig sie ihr doch gerecht werden kann; umgekehrt wird auch die Mutter der Tochter zeigen, welch schlechte Tochter sie ist.

Ähnlich vermittelt die gelingende Pflege den Beteiligten ein Empfinden gegenseitiger Bestätigung. Der Patient oder Altenheimbewohner teilt – verbal oder ohne Worte – mit, daß er die Pflegerin «gut» findet, ihr Bemühen achtet, mit ihr zufrieden ist, während umgekehrt die Pflegerin ihm vermittelt, daß er kooperativ und somit ein «guter» Schützling ist. In einer solchen Situation ist die Aggression neutralisiert, der Ton liebevoll, Unvollkommenheiten und Krisen können verarbeitet werden, weil die Überzeugung herrscht, daß der Beziehungspartner «im Grunde» gut ist.

Hier einige Zitate aus Gerichtsakten, die das Gegenteil, die Entgleisung, demonstrieren (zit. n. Hartmut Dießenbacher):

«Vor zwei Jahren hat mich die Schwester auf der Treppe gestoßen, weil ich nicht schnell genug war.»

«Die Angeklagte hat mit dem Stock auf den Rücken der über den Tisch gebeugt gehaltenen, sich wehrenden Zeugin M. eingeschlagen.»

«Soweit die Insassen des Heimes nicht bettlägerig waren, hatten sie sich pünktlich vor den Mahlzeiten vor dem Speisesaal aufzustellen. Die Angeklagte kontrollierte dann, ob die Herren – wie ausdrücklich angeordnet – Schlipse trugen und ob auch niemand mit Hausschuhen erschienen war, da sie das Tragen von Straßenschuhen zu den Mahlzeiten angeordnet hatte.»

«Sie kam zu mir in den Hof und trat mir in den Hintern. Dabei sagte sie ‹faule Kuh› zu mir. Ein paar Tage später kam sie zu mir und gab mir eine Ohrfeige und einen Schubs. Grund war in beiden Fällen, daß ich der Schwester ein Widerwort gegeben habe. (...) Im Sommer vergangenen Jahres hat mich die Schwester wieder geschlagen. Diesmal hieb sie mir den Besenstiel auf die linke Schulter.»

Aus diesen Zitaten wird deutlich, was eine genauere Fallanalyse bestätigt: Es sind die «schlechten» Patienten, die mißhandelt werden, denen man zutraut, daß sie aus Trotz langsam gehen, die «Widerworte geben» (diese Formulierung zeigt, wie sehr sich auch das Opfer mit der Kinderrolle identifiziert). Daraus wird leicht ersichtlich, daß jene Pflegerinnen zu Entgleisungen neigen, die sehr viel Lob, sehr viel Bestätigung brauchen und andererseits nur schwer ertragen können, wenn sie nicht bestätigt werden und keine Erfolgserlebnisse haben.

Wenn wir diese psychologischen Linien ein wenig weiterzeichnen, erkennen wir, daß die Qualifikation des Pflegepersonals hier eine sehr wesentliche Rolle spielt. Wer gut ausgebildet ist, kann auf einer rationalen Ebene die Überzeugung aufbauen, daß er oder sie eine Arbeit leistet, die den derzeit üblichen Standards und Routinen entspricht. Qualifizierte, selbstbewußte Arbeitskräfte sind nicht in so hohem Maß von der Bestätigung ihrer Arbeit durch ihre Schützlinge angewiesen. Sie wissen, daß sie «gut genug» arbeiten, sie müssen es sich nicht jeden Tag durch die positiven Reaktionen der Schutzbefohlenen erneut klarmachen. Für Ärzte ist es Routine, angesichts eines unzufriedenen Patienten zu prüfen, ob sie nach medizinischem Ermessen korrekt behandelt haben, um sich hinter dieser professionellen Fassade auch in ihrer persönlichen Verwundbarkeit zu schützen. Je weniger professionelle Standards in einer Berufsgruppe vorhanden sind, desto schlechter gelingt auch dieser Schutz. Er ist naturgemäß in einer stark beziehungs- und gefühlsbetonten Tätigkeit wie der Pflege auch schwerer zu finden als in der naturwissenschaftlich-technisch definierten Medizin. Aber das sollte ganz und gar nicht dazu führen, die Entwicklung solcher professionellen Standards zu vernachlässigen, im Gegenteil.

Ich habe auf den Mißstand hingewiesen, daß immer noch eine gesetzliche Regelung der Qualifikationen im Altenpflegebereich fehlt. Wir müssen uns nur einmal vorstellen, wie es um die Arbeitsmoral in einer medizinischen Klinik bestellt wäre, in der die Köchin Chefarztfunktionen ausfüllt. In einem Pflegeheim für Alte sind vergleichbare Zustände durchaus möglich. Alle Maßnahmen, welche das Selbstbewußtsein der Pflegekräfte stärken, sind auch geeignet, die Entgleisungen in Gewalttätigkeit aufzuhalten. Wer selbstsicher ist, kann einen Mangel an Bestätigung und Erfolg, an Zuwendung und Anerkennung eher verkraften. Er gerät nicht in jene ohnmächtige Wut, die dazu führt, den «schlechten» Patienten oder Bewohner, der das eigene Selbstgefühl zerstört hat, in einem Racheakt zu quälen.

Es gibt in den Berichten eine breite Palette, die vom groben Ton über den groben Griff zu ausgefeilten sadistischen Ritualen führt. Dies kann bis ins Extrem eskalieren, wie etwa – eine Art Tschernobyl für alle Illusionen einer heilen Pflegewelt – die Tötungen durch das Pflegepersonal in Wien-Lainz gezeigt haben, wo den «schlechten» Patienten durch Überdosen von Rohypnol «weitergeholfen» wurde und Ärzte wie Verwaltung die Augen schlossen. Die Täterinnen waren sämtlich Hilfspflegerinnen, an die schwierigste Stelle abgeschoben, unfähig, sich gegen die Forderungen «von oben» zu wehren, schließlich auch nicht mehr in der Lage, den Unterschied zu erkennen zwischen eigenem Ruhebedürfnis und jenem mörderischen Impuls, die störenden «schlechten» Patienten einzuschläfern (vgl. S. 130f).

Gewalt ist also ein Signal für eine entgleiste Interaktion. Das Risiko solcher Entgleisungen wächst, wenn sich die Pflegerin von Erfolgs- und Bestätigungserlebnissen abhängig gemacht hat. Diese Abhängigkeit wird um so größer, je weniger ausgeprägt das professionelle Selbstbewußtsein ist. Von diesen Gesichtspunkten aus lassen sich Lösungsmöglichkeiten begründen, die gegenwärtig in den Berufsverbänden diskutiert werden: bessere Qualifikation, höhere Bezahlung, mehr Aufstiegsmöglichkeiten (die dann ebenfalls durch eine höhere Bezahlung aufgewertet werden müssen). Zusätzlich wäre zu überlegen, daß eine Akademisierung des Pflegeberufs möglichst nicht nach dem theoriezentrierten Modell der Universität erfolgen sollte, sondern praxisbezogen und arbeitsfeldorientiert, in enger Kooperation mit den bestehenden Einrichtungen.

Es gibt allerdings auch einen Aspekt an der Dynamik pflegerischer Gewalt, der sich solchen allgemeinen Maßnahmen entzieht: die individuelle, jeweils einzigartige Lebensgeschichte, in der Motive für den helfenden Beruf wurzeln, die über rationale Beweggründe (wie die ökonomische Nutzentscheidung) hinausreichen. Unser Ideal ist hier eine große, umfassende, alle Belastungen ertragende und überbrückende Menschenliebe, die den Sinn der Arbeit in ihr selbst sieht. Das, womit wir in der Realität rechnen dürfen, ist das Grundprinzip der Leistungsgesellschaft, in der Bezahlung ein wesentlicher Gradmesser der Wertschätzung einer Tätigkeit ist. Es wäre jedoch verfehlt und würde allen Erfahrungen der Arbeitspsychologie widersprechen, nun davon auszugehen, daß bessere Bezahlung eine dauerhaft unzureichende Motivation oder die mangelnde Zufriedenheit am Arbeitsplatz kompensieren kann. Der Prozeß einer Verweltlichung und Individualisierung dauert in der Pflege länger als in anderen Bereichen – etwa in der Medizin.

In der individuellen Berufswahl, die während der Pubertät allmählich Gestalt annimmt, aber in der Adoleszenz noch öfter korrigiert werden kann (und sich später unter dem Eindruck realer Berufsarbeit häufig, bei Pflegerinnen sogar außergewöhnlich oft, noch einmal verändert), spielen Idealbilder eine wesentliche Rolle. Sie werden nach Erkenntnissen der Psychoanalyse oft aus enttäuschenden Erfahrungen aufgebaut. Gerade weil das Kind immer wieder die schützende Präsenz eines einfühlend zugewandten Elternteils schmerzlich vermißt hat, identifiziert es sich mit dem Ideal solcher Fürsorge. Die von kränkenden Erlebnissen überschattete eigene Bedürftigkeit wird gewissermaßen an den Patienten delegiert, der nun auch Träger der eigenen Sehnsucht ist und auf den nun eigene Abhängigkeitsbedürfnisse übertragen werden. In der Altenpflege spitzt sich diese Helferdynamik insofern zu, als die Alten weit mehr als beispielsweise hilfsbedürftige Kinder die eigenen Elternbilder wiederbeleben. So wird es doppelt schmerzlich,

Dankbarkeit und Anerkennung zu vermissen. Umgekehrt haben viele alte Menschen große Schwierigkeiten mit ihrer Abhängigkeit. Es macht sie, oft ohne daß sie es sich eingestehen können, wütend, auf Pflegepersonen angewiesen zu sein, die ihre Kinder sein könnten. Deshalb sind in der Altenpflege auch die unbewußten, emotionalen Strukturen des sogenannten «Helfer-Syndroms» besonders vom Entgleisen bedroht. Die Hoffnung, in der Pflege alter Menschen einen Teil der abgewehrten, eigenen kindlichen Bedürfnisse nach Liebe und Anerkennung erfüllt zu finden, wird häufig enttäuscht. Gleichzeitig behindern die Fixierung auf die Helfer-Rolle und das Bedürfnis, sich unangreifbar zu machen, die einzelnen Helfer oder Helferinnen, rechtzeitig mit ihren Klienten zu sprechen, wenn sie sich von ihnen angegriffen und entwertet fühlen. Es kommt eher zu einem Kampf unter der Oberfläche.

Ich habe im ersten Teil versucht darzustellen, wie die Phantasie über das drohende Entgleisen einer Pflegebeziehung als Chance genutzt werden kann, diese Beziehung zu überdenken und Ansatzpunkte für eine Veränderung aufzuspüren. Im zweiten Teil habe ich ausgeführt, daß eine Qualifizierung und Professionalisierung der Pflege allgemein vor solchen Entgleisungen schützt. Abschließend möchte ich noch auf Wege hinweisen, die über solche generellen Maßnahmen hinaus geeignet sind, einzelne Pflegerinnen und Pfleger weiterzubilden und in ihrer Kompetenz zu fördern. Ich meine damit eine kognitive *und* emotionale Einsichtsvermittlung in die persönlichen Probleme des Helfers mit seinen Schützlingen. Diese Supervision soll der in allen helfenden Berufen gegenwärtigen Gefahr einer moralisierenden, Verdrängung fördernden Umgangsform mit Schwierigkeiten in der Beziehung zu den betreuten Personen (oder auch zu Mitarbeitern und Vorgesetzten) begegnen. Für eine wirksame Supervision ist ein geschützter Raum unerläßlich, in dem die Teilnehmer nicht durch äußere Ablenkung gestört und nicht durch eine institutionelle Verstärkung innerer Ängste behindert werden, Phantasien und Gefühle zu artikulieren. Eine äußere Störung ist es etwa, wenn Anrufe oder Arbeitsansprüche in die Supervision eindringen, weil die entwertende Meinung herrscht, man könne sie nebenbei erledigen. Ohne eine Vertretung, welche während der Supervisionszeit Anrufe oder Wünsche der Bewohner entgegennimmt, läßt sich nicht arbeiten. Ebenso wichtig sind Ängste, die eine Supervision dann lähmen können, wenn der Supervisor Teil der Machthierarchie ist. Dann kann, wer sich offen ausspricht, vor moralischer Abwertung oder arbeitsrechtlicher Konsequenz nicht sicher sein. Nach den Erfahrungen aus der Supervision können gut ausgebildete und selbstbewußte Supervisanden dieses Reflexionsangebot weit besser nutzen als schlecht qualifizierte, überlastete oder in ihrem Selbstgefühl bereits bedrohte Personen (vgl. S. 103). Aus diesen Gründen ist Supervision *kein* Allheilmittel. Ähnlich wie man einen Infarktpatienten nicht sofort mit Bewegungstherapie behandeln kann, so segensreich sich diese nach der ersten Krankheits- und Heilungsphase auch auswirken mag, gibt es einen Grad der Überlastung und Verelendung in der Pflege, der die Annahme von Supervision unmöglich macht, weil jede Minute mit drängender Arbeit gefüllt ist (oder subjektiv so erlebt wird). Dann fehlt oft die seelische Kraft, eine solche zerstörerische Routine wahrzunehmen, sich einzugestehen, daß es so nicht weitergehen kann, während noch kein Weg in Sicht ist, wie es denn sonst gehen könnte. Will der Supervisor sein Instrument nicht unbrauchbar machen, sollte er es angesichts solcher Situationen zurücknehmen und fordern, daß erst geeignete Bedingungen geschaffen werden. Sonst kann es geschehen, daß eine hoffnungsvolle, aber begrenzte Möglichkeit der persönlichen und institutionellen Entwicklung in Verruf gerät, bevor sie überhaupt wirksam werden konnte, und daß die Lage am Ende auswegloser erscheint als zuvor.

Literatur

Baurmann, M. C., *Alte Menschen als (Kriminalitäts-)Opfer*, in: Z. f. Gerontologie 14, 1981, S. 245–258

Dießenbacher, H., *Gewalt gegen Alte*, in: Göckenjahn, G., Kondratowitz, H. J., *Alter und Alltag*, Frankfurt 1988, S. 372–386

Eastman, M., *Gewalt gegen alte Menschen*, Freiburg 1985

Foucault, M., *Überwachen und Strafen*, Frankfurt 1977

Kemper, H., *Was heißt altern*, München 1989

Kemper, H., *Alternde und ihre jüngeren Helfer*, München 1990

Knobling, C., *Konfliktsituationen im Altenheim*, Freiburg 1986

Milgram, S., *Obedience to authority*, New York 1974

Petzold, H., *Die Verletzung der Alterswürde – zu den Hintergründen der Mißhandlung alter Menschen und zu den Belastungen des Pflegepersonals*, in: Petzold, H. (Hg.), *Mit alten Menschen arbeiten*, München 1985

Schmidbauer, W., *Die hilflosen Helfer. Über die seelische Problematik der helfenden Berufe*, Reinbek 1989

Schmidbauer, W., *Helfen als Beruf. Die Ware Nächstenliebe*, Reinbek 1983

Unruh, T. (Hg.), *Tatort Pflegeheim*, Essen 1989

Annemarie Bauer und Doris Prinzl-Wimmer

Angst und Macht in der Krankenpflege

«Allgemein ist Angst zu beschreiben als ein auf die Zukunft bezogener Gefühlszustand des Bedrohtseins. Sie ist ein seelisches, leibliches und gesellschaftliches Phänomen, tritt in allen Kulturen auf und beschäftigt viele und sehr unterschiedliche wissenschaftliche Disziplinen» (Bräutigam, S. 21).

Das Thema Angst bei Schwestern und Pflegern zu diskutieren und es gar in den Zusammenhang mit Machtausübung zu stellen, mutet auf den ersten Blick recht eigentümlich an. Man denke an die Erleichterung bei einer Krankheitsattacke oder einem Unfall, wenn ein Arzt oder eine Schwester in der Nähe ist. Man geht davon aus, daß solche Situationen, die einem selbst angst machen, bei Professionellen, bei Ärzten und Pflegenden, keine Ängste auslösen; der Laie ist gelähmt von seiner Angst, die Medizin bleibt handlungsfähig. Zugleich drängt sich aber das Bild des Kindes auf, das in den Keller geht und schier gelähmt ist vor Angst und aus dieser Angst heraus zu pfeifen beginnt. Handlung kann also auch ein Mittel sein, gegen Ängste vorzugehen.

In diesem Beitrag soll uns beschäftigen, ob in der Pflege nicht eine Fülle von angstmachenden Situationen auftauchen. Muß dieser Beruf nicht mit einer hohen Angst verbunden sein? Wir wollen diese Ängste näher beschreiben und untersuchen, wie mit ihnen umgegangen wird. Besonderes Augenmerk legen wir darauf, wie man sich in der Pflege gegen die – wie wir behaupten – ständig präsenten Ängste schützt, wie man sie abwehrt, um sie zu beherrschen, kurz: welche Abwehrmechanismen man dagegen einsetzt. Dabei interessiert uns vor allem eine Erscheinungsform, mittels derer eigene Ängste abgewehrt werden können: die Machtausübung.

In unserem Zusammenhang lassen sich drei große Angstkomplexe unterscheiden:

● Angst vor Krankheit, Alter und Tod;
● Angst vor Entwicklung;
● Angst vor Einsamkeit.

Angst ist ein Affektzustand, der beispielsweise in Reaktion auf die (tatsächliche oder befürchtete) Unfähigkeit eines Menschen entsteht, bestimmten Anforderungen adäquat zu begegnen. Diese Anforderungen können von außen gestellt sein, es können aber auch eigene Anforderungen an sich selbst sein, etwa im Sinne von verinnerlichten Werten und Normen oder von Idealbildern, die man von sich entworfen hat und an denen man sich orientiert. Angst ist ein unangenehmer Affekt, den man gerne «los wäre», den man gerne aus dem Bewußtsein streichen würde, wenn es nicht eine Lösung gibt, die den Affekt aufhebt oder überflüssig macht. Ängste, die ständig erneuert werden, weil sich bedrohliche und angstbesetzte Ereignisse stets wiederholen, können nicht aufgehoben, sondern müssen anders verarbeitet werden. «Weil aber Angst so unangenehm, so schmerzlich, so bedrückend, so lähmend ist, weil sie uns zuinnerst verunsichern und in die Ausweglosigkeit treiben kann, erfinden wir unermüdlich Methoden und Techniken der Zurückweisung und Vermeidung. Sie verschwindet jedoch nicht, wenn sie verdrängt wird. Angst, die wir verbieten, wirkt unterschwellig und unberechenbar fort» (Schultz, S. 10).

«Abwehr»-Mechanismen oder – um einen treffenderen Begriff einzuführen – Abwehrprozesse sind Leistungen des Ich gegen unangenehme Reize, Vorstellungen, Gefühle oder Situationen. Die Abwehr kann sich verschiedenster Aktivitäten bedienen und richtet sich gegen alles, was Angst hervorrufen kann. Neben dem komplettesten und in der Alltagssprache sehr bekannten Abwehrmechanismus «Verdrängung» kennen wir auch Aktivitäten wie Reaktionsbildung, Isolierung, Projektion, Wendung gegen die eigene Person und Sublimierung, um nur einige zu nennen.

Ein möglicher Abwehrmechanismus ist die «Verkehrung ins Gegenteil». Gemeint ist hier ein Prozeß, bei dem *inhaltlich* ein mögliches entgegengesetztes Gefühl zu dem Bestehenden aufgebaut wird, mit dem Ziel, das eigentlich Erlebte «loszuwerden». Wir wissen, daß entgegengesetzte Gefühle nicht eingleisig empfunden werden können, sondern immer mehrere Gefühle zur Auswahl stehen, weshalb wir sowohl von einem Prozeß als auch von einem «möglichen gegenteiligen» Gefühl sprechen müssen. Freud spricht von «materieller Verkehrung». Inhaltlich kann beispielsweise Macht erlebt werden, wo ursprünglich Angst war, ebenso wie manchmal Harmonie erlebt werden kann, wo ursprünglich Aggression war, was man alltagssprachlich auch als «unter den Teppich kehren» bezeichnet. Gleichzeitig gibt es aber auch oft eine Verkehrung von der Passivität in Aktivität oder umgekehrt, wie das Beispiel des pfeifenden Kindes zeigt. Eine dritte Ebene ist die Richtungsänderung des Gefühls: Es wird vom eigenen Ich abgezogen und richtet sich auf den anderen (Projektion).

Unsere Ausgangsthese lautet, daß Macht eine Form von Angstabwehr ist, welche die Angst in ihr Gegenteil verkehrt. Wir wollen Macht mit Max Weber folgendermaßen definieren: «Macht bedeutet jede Chance, innerhalb einer sozialen Beziehung den eigenen Willen auch gegen Widerstreben durchzusetzen, gleichviel worauf diese Chance beruht» (Weber 1964, S. 38). Macht führt zu Herrschaft und bedarf des Gehorsams anderer Personen.

Macht kann gegenüber Patienten und Angehörigen ausgeübt werden, zum Beispiel durch Festlegen der Besuchszeiten im Krankenhaus, durch Wartenlassen, durch unfreundliches Behandeln. «Auf ‹Extratouren› des Patienten (...) reagieren die Schwestern ganz empfindlich und scheuen vor Repressalien und Liebesentzug nicht zurück» (Jürgens-Becker 1987, S. 4).

Machtausübung und Herrschaft über die Patienten kann allerlei Blüten treiben. In einem Alten- und Pflegeheim beispielsweise wurden die Glühbirnen so locker in die Fassungen gedreht, daß die Flure unbeleuchtet blieben. Die alten Menschen sollten eben ihre Zimmer nicht verlassen, nicht auf den Fluren «herumgeistern». Macht läßt sich auch in Ritualen ablesen. Rituale sind immer Verschlüsselungen von Ereignissen, Vorgängen, Beziehungen, Tatsachen und deren dazugehörigen Emotionen; sie entstehen dort, wo Ängste gebändigt und Aggressionen abgewehrt werden sollen. Solche ritualisierten Verhaltensweisen sind etwa in der Visite erkennbar.

Wie gesagt, sehen wir in der Ausübung von Macht unter anderem eine Verkehrung der Angst in ein mögliches gegenteiliges Gefühl. Ausübung von Macht löst die Angststarre auf und bietet aktive Handlungsmöglichkeiten an. Sie erlaubt es, von einer passiven Rolle in eine aktive Rolle überzugehen. Gleichzeitig aber geschieht noch etwas anderes: Wenn ich Angst habe, leide ich. Im Falle der Krankenbetreuung leide ich nicht nur wegen des Kranken, wegen des Leidenden und möglicherweise mit ihm, sondern ich leide auch unter der eigenen Angst, krank zu sein oder zu werden oder unter der eigenen Hilflosigkeit, der Erkenntnis, nicht helfen zu können. Wenn man seine Macht entdeckt, wird dieses Leiden partiell aufgehoben. Der andere, der Kranke erleidet meine Macht, was nicht unbedingt heißen muß, daß er *unter* ihr leidet. Damit wird also auch die Richtung des Affekts geändert, sie wird «verkehrt».

«Macht» gibt also Aktivität zurück, wo Passivität durch Angst verursacht war; sie richtet sich auf den anderen, während Angst sich gegen das eigene Ich richtet. Es drückt sich in ihr ein «materiell» anderes Gefühl aus, das scheinbar mit Angst nicht verwandt ist und dennoch, auf dem eben beschriebenen Weg, mit ihr verbunden bleibt.

Die Angst vor Krankheit und Tod

Unsere erste These besagt, daß die Arbeit im Krankenhaus viele Grundängste im Menschen auslöst. Damit sind einerseits Ängste gemeint, die sehr real sind (und nicht der Phantasie entspringen); zum anderen sind Ängste gemeint, die existentiell sind, die durch (bevorstehende) Ereignisse ausgelöst werden, welche die Existenz jedes Menschen bedrohen.

Ohne Zweifel ist der Klinik«alltag» für die Pflegenden weitgehend routinisiert und daher zunächst einmal nur wenig oder gar nicht beängstigend. Der Patient hingegen wird auch eine Routinebehandlung, einen «kleinen Eingriff» sehr wohl als unalltäglich und beängstigend erleben. Auch wenn er gegenüber den Pflegenden keine Furcht empfindet, bleibt die Angst doch ein zuweilen latentes, zuweilen manifestes Grundgefühl, wenigstens auf der Seite des Patienten und seiner Angehörigen. Sie wird in der Interaktion zwischen Patienten und Pflegenden in verschiedenen Formen auftauchen.

Neben dem «Alltagsgeschäft» gibt es jedoch immer wieder auch dramatische Situationen: unheilbare Krankheiten, unerwartete Diagnosen, lebensbedrohliche Komplikationen und Sterbende. Solche Situationen führen den Gesunden vor Augen, was auch mit ihnen geschehen kann und geschehen wird. Sie demonstrieren den Pflegenden wie auch den Ärzten und Angehörigen die Schattenseiten des Lebens, die in unserer Gesellschaft zumeist verdrängt werden.

Im folgenden wollen wir die Berufswahl unter dem Aspekt der Angstbindung bzw. dem Aspekt der Abwehr von Ängsten betrachten. Hinter der in diesem Band bereits mehrfach angesprochenen, sozial akzeptierten Berufsmotivation, «mit Menschen zu arbeiten» und «Hilfe zu leisten», könnte es noch eine ganz andere Motivation geben, die wir zunächst einmal spekulativ auf einer eher unbewußten Ebene bei Krankenschwestern und Altenpflegerinnen suchen sollten.

Wir schließen uns der weitverbreiteten These an, daß die Medizin ein Versuch ist, die Begrenztheit und die Bedrohung menschlichen Lebens zu besiegen. Der Arzt wird dies auf dem Weg der Diagnostik, der Therapie und – besonders heute – mit Hilfe von Apparaten tun, die ihm der Physiker zur Verfügung stellt. Die Schwester wird die gleiche Motivation auf einem anderen Weg zu befriedigen suchen, indem sie Menschen pflegt und so die Medizin, die ohne Pflege keinen Erfolg haben würde, unterstützt. Nun enthält aber jeder Berufswunsch einen Kompetenzwunsch, der zwei komplementäre Bedürfnisse in sich vereinigt: *Wofür* will ich kompetent werden, und *wogegen* möchte ich kompetent werden? In anderen Worten: Was will man mit seinen Kompetenzen *erreichen*, und was will man mit seinen Kompetenzen *verhindern*?

Die Krankenschwester möchte mit ihrer Pflege den Menschen in ein gesundes Leben begleiten. Die Frage bleibt, wogegen ihre Kompetenz erworben wird. Wir müssen also nach den Ängsten suchen, die hinter der Berufswahl stehen. Diese Ängste können im Bereich von Medizin und Krankenpflege eigentlich nicht anders heißen als Angst vor Krankheit, vor Hinfälligkeit, vor Einsamkeit, vor Alter und vor Tod.

Damit stehen wir vor einem merkwürdigen Paradoxon: Um die angstmachenden Phänomene wie Krankheit und Tod zu bewältigen, konfrontiert man sich, hat man die Pflege als Bewältigungsmechanismus gewählt, mit ebendiesen Phänomenen. Ein solcher Verarbeitungsprozeß kommt «einer Flucht nach vorn» gleich.

Die Tätigkeit im Krankenhaus und Altenheim läßt sich als «professionelle Mütterlichkeit» auf den Begriff bringen. Die Realität des Patienten im Krankenhaus ebenso wie das Leben in einem Alten- und Pflegeheim lädt zu Regressionen ein. Umgekehrt befördert und verstärkt die vorhandene Mütterlichkeit solche Regression bei Patienten und Alten. Auf systematische Weise produziert und reproduziert die Institution beides gleichermaßen: Mütterlichkeit von Personal und Regression von Patienten. Jürgens-Becker (1987) beschreibt dies als ein komplementäres Rollensystem: Der regredierende Patient und die infantilisierende Mutter sind Beteiligte eines ineinandergreifenden psychischen Vorgangs von Regression und Infantilisierung.

Diese Infantilisierung scheint die Negativseite (im Sinne einer Negativfotografie) der Empathie und Sorge für den Patienten zu sein. Hier beginnt die Machtausübung: Jemanden infantilisieren heißt, ihn als «Kind» zu behandeln, ihn nicht «groß» werden zu lassen und selbst daneben «groß» und «mächtig» zu erscheinen.

Unter dem Aspekt von Macht ist weiter wichtig, auf die alltäglichen Kontrollaufgaben und die institutionalisierten Kontrollfunktionen hinzuweisen. Das Pflegepersonal kontrolliert am Patienten so ziemlich alles, was üblicherweise in seinen Intimbereich fällt. Es werden nicht nur die Körpertemperaturen in Kurven aufgezeichnet, sondern auch die Ausscheidungen kontrolliert.

Die tagtägliche Kontrolle in der Klinik ist eine durchaus legitimierte Form von Machtausübung und verbirgt sich hinter dem positiven Aspekt der Fürsorge und Pflege. Sie wird jedoch durch die Apparatemedizin bis zur Fragwürdigkeit verstärkt. Die Pflegenden gewinnen mit Hilfe dieser Maschinen zusätzliche Macht, die Patienten können und müssen zum Teil an diesen Maschinen noch weiter regredieren. Viele Omnipotenzphantasien, die durch die manuelle Pflege nur selten zu befriedigen wären, können an die Maschinen delegiert werden. Dabei läßt sich ein Machtzuwachs verzeichnen, der sogar die Überwindung von Endlichkeit und Tod verspricht. Mit Hilfe bestimmter Maschinen, etwa Beatmungsgeräten, kann der Zeitpunkt des Todes bis zu einem gewissen Grad von Ärzten und Pflegenden bestimmt werden. Wenn trotzdem das Leben nicht gerettet werden kann, hat die Maschine und nicht der Mensch versagt; Mißerfolge sind also leichter zu ertragen.

Im Gegensatz zur Pflege in der Medizin werden in der Altenpflege weniger technische Ansprüche als vielmehr Forderungen an die emotionalen und sozialen Kompetenzen gestellt. Im Normalfall ist das Alten- und Pflegeheim die Endstation eines Menschen. Die Tatsache, daß der Tod zum menschlichen Leben unausweichlich dazugehört, ist hier nicht mehr zu übersehen und zu verdrängen. Der Tod im Altenheim ist keine Ausnahme, sondern sehr deutlich ein alle Menschen betreffendes Schicksal. Die damit ausgelöste Angst ist fundamental. Vielseitige, teilweise diffuse Schuldgefühle, nicht alles getan zu haben, nicht alles tun zu können, aber auch ein Schuldgefühl wegen des eigenen «Vitalitätsvorsprungs» sind unter den Pflegenden im Altenheim durchaus bekannt. Individuelles Abwehrverhalten solcher Ängste und Schuldgefühle ist in jedem Klinikalltag und in jedem Altenheimalltag geläufig: Sterbende Patienten werden häufig allein gelassen, sie erhalten kaum Zuwendung, wenig Pflege und wenig medizinische Betreuung, weder von Ärzten noch von Schwestern. Man hält sich von ihnen fern, um der Bedrohung des eigenen Todes nicht gewahr werden zu müssen.

Eine in Machtausübung gewendete Angstbewältigung zeigt sich im Altenheim vor allem dann, wenn Patienten liegengelassen und nicht mehr aufgefordert werden, am Leben teilzunehmen. Manchmal sieht es so aus, als würde der körperliche und geistige Abbau von Patienten oder Altenheimbewohnern durch diese Angstabwehr der Pflegenden beschleunigt. Hinzu kommt, daß die Pflegenden im Alten- und Pflegeheim zumeist mit Menschen konfrontiert sind, die ihre Eltern sein könnten. Die Umkehrung der Fürsorge der Generationen, das heißt die Sorge der Jüngeren für die Alten, ist ein fast archetypisches Thema mit hoher Konflikthaftigkeit, wie das Buch von Gronemeyer deutlich belegt.

Die Schwester in der Klinik kann sich immer wieder bewußt machen, daß ihre Patienten ihr eigenes Schicksal nicht etwa vorwegnehmen, daß sie ja keineswegs ihrerseits erkranken und frühzeitig sterben muß. Die Pflegerin im Altenheim hingegen ist sich stets bewußt, daß das Alter auch sie zu gegebener Zeit einholen wird. Und sie sieht in diesem Altenheim Modelle des Alterns, von denen einige durchaus sehr beunruhigend sein können.

Angst vor Entwicklung

Was heißt es, sich zu entwickeln, und warum haben wir Angst davor? Auf den ersten Blick scheint es paradox, von einer Angst vor Entwicklung zu sprechen, ist es doch ein hochgeschätztes Ziel, weiterzukommen.

Sich entwickeln heißt, sich mit sich selbst und seiner Umwelt auseinanderzusetzen. Wie unbequem das sein kann, läßt sich am Verhalten im Berufsleben verdeutlichen. Wie klar liegt doch häufig das Bild unseres Berufes vor uns, wenn wir ihn wählen! Wir meinen zu wissen, was wir erwarten können und was wir zu geben bereit und in der Lage sind. Die Arbeit im Pflegebereich als helfende Tätigkeit ist moralisch hoch besetzt. Deshalb erwartet niemand, daß er von außen begrenzt werden könnte. Wer will schon jemanden darin hindern, Gutes zu tun? Wird aber der Beruf zum Alltag, ändert sich vieles meist relativ schnell. Die Realität setzt Grenzen. Die Stolpersteine des Berufsalltags schmerzen besonders dann, wenn man nicht auf den Weg achtet, sondern seinen Blick nur auf das idealisierte Ziel gerichtet hält. In der Regel kommt man am idealisierten Ziel auch deshalb nicht an, weil die Schmerzen der vielen kleinen Verletzungen irgendwann die Kraft rauben, weiterzugehen. Der andere Weg würde bedeuten, sich mit den Hindernissen auseinanderzusetzen, entweder um sie aus dem Weg zu räumen oder um über sie hinwegzugehen.

Wir gehen von der Prämisse aus, daß jeder Mensch ein Ich-Ideal hat, dem er mehr oder weniger bewußt nachstrebt. Wie sieht dieses Ich-Ideal in der Pflege aus? In vielen Gesprächen mit Angehörigen dieser Berufsgruppe sind wir immer wieder auf Ich-Ideale gestoßen, seien sie nun bewußt oder unbewußt, die fatal an Statements wie «ich darf meine Stimmung nicht zeigen» oder «wenn's einem zu viel ist, hätte er halt einen anderen Beruf wählen müssen» erinnern. Die historische Analyse der Schwesternrolle zeigt, daß die Krankenschwester einen guten, fleckenlosen Ruf braucht. «Weiterhin wurden an Eigenschaften Demut, Gehorsam, Hingabe, Selbstlosigkeit, Selbstverleugnung, Opferwilligkeit, Geduld, Treue, Sanftmut, Offenherzigkeit und friedfertiger Charakter, Reinlichkeit und Ordnungssinn gefordert» (Jürgens-Becker 1987, S. 9).

Häufig bestätigt sich dies in der Charakterisierung von Kollegen. Auch deren negative Beschreibungen offenbaren das eigene Ideal: «Meine Kollegin ist so hart den Patienten gegenüber, ich glaube, sie hat Probleme zu Hause.» Was heißt das? Als Pflegekraft muß man weich sein, und man darf keine Probleme haben, die Kraft für die Arbeit rauben. Zusammengefaßt heißt das noch einmal: Die ideale Pflegekraft ist weich, psychisch belastbar und freundlich.

Um jedoch den (Pflege-)Notstand zu beenden, sind andere Eigenschaften erforderlich: Hart sein können, klar, durchsetzungsfähig, auch nach «oben» hin. Die so ausgelegte Entwicklung, die so ausgelebte Angst vor Unterdrückung und Bevormundung würde Macht bedeuten einer Institution gegenüber, die verständlicherweise wenig Interesse an Veränderungen hat, weil sie damit selbst, vor allem auch finanziell, gefordert wäre.

Also wird die Institution bemüht sein, diese Angst zu binden und zu kanalisieren. Wir bezeichnen die Institutionen in diesem Zusammenhang als eine Art Eltern-Ich, das jede Auflehnung zu bestrafen droht. Eltern können strafen durch Liebesentzug (durch Abmahnungen) oder durch härtere Maßnahmen (Entlassung). In der Auseinandersetzung mit dem Pflegenotstand und der Verantwortung der Institution geistert diese Strafe im Kopf herum, sie wird nicht gemessen an der Realität, sondern lähmt und vernebelt von vornherein den klaren Blick. Immer wieder erleben wir, daß Pflegekräfte unter schwierigsten Bedingungen arbeiten und darin verharren, ohne sich an der Realität zu orientieren.

Ein Schritt des Erwachsenwerdens würde bedeuten, die Wut an der Institution auszulassen, das heißt sich mit der Institution und deren Vertretern auseinanderzusetzen und zu reiben. Dieser Weg ist aber eindeutig angstbesetzt, weil er erforderte, daß sich das hilflose Kind gegen die übermächtigen Eltern stellt. Wie wird mit dieser Angst umgegangen, wie wird sie abgewehrt? Ein Sichwehren würde bedeuten, hart zu sein und damit dem Idealbild der guten Pflegekraft zu widersprechen. Die Macht, die man durch den Pflegenotstand faktisch hat, wird oft genug an andere Objekte und in anderer Form gebunden: zum Beispiel in der Fürsorge für Patienten, im Eingehen auf Angehörige, in der bereitwilligen Hilfe Kollegen gegenüber. Unsere These besagt nun, daß auch in diesem Teil des Helfens Macht ausgeübt werden kann.

Wie sieht nun diese Form der Machtausübung in der Praxis aus, und welche Personenkreise bieten sich an? Da ist zuerst natürlich der Patient. Er ist hilflos, unwissend und in der Regel abhängig von der Pflegekraft – und er ist greifbar, er ist da. Dagegen ist die Institution erst einmal ein undurchschaubares Monster. Gemeinhin wird die Beziehung Patient–Pflegekraft als eine Mutter-Kind-Beziehung definiert. Die Mutter sorgt, reglementiert, fördert und fordert, klärt auf und verschweigt, das heißt, sie hat viel Macht bis zu dem Tage, an dem das Kind für sich selbst sorgen kann. Dies gelingt einem Kind aber erst dann, wenn es sich aus einer Abhängigkeit lösen kann, weil es Alternativen zur Mutter findet. Übertragen auf den Patienten heißt das: Je kränker und hinfälliger ein Mensch ist, um so leichter und auch notwendiger ist die Fürsorge ohne Auseinandersetzung. Das bedeutet aber auch, daß in der Alten- und Behindertenpflege, wo die Kindrolle des Patienten am extremsten ist, die Abwehr der Angst vor der eigenen Entwicklung zum Erwachsenen am leichtesten ist.

Aber nicht nur den Patienten gegenüber, sondern auch in den eigenen Reihen kann sich die Abwehr der Angst vor dem Erwachsenwerden manifestieren. Kollegen werden niedergemacht, und manche Station hat einen Buhmann, dem etwaige Mißstände und Verstimmungen angelastet werden: «Wenn Kollege X fleißiger wäre, würden wir's schon schaffen.»

Häufig genug trifft es auch die Ärzteschaft, die auf der einen Seite als inkompetent belächelt wird, die auf der anderen Seite die Chance zur Selbstaufwertung gibt. Manch delegierte Aufgabe («Ach, Schwester, Sie können doch spritzen!») wird freudig angenommen. Das Gefühl von Statusaufwertung erlaubt auch ein Gefühl von Entwicklung. Dabei wird aber zu leicht übersehen, daß dieser Vorgang eine klare Professionalisierung der Pflege verhindert, daß alles weiterhin nebulös bleibt und keine Reibung mit den überkommenen Strukturen stattfindet. Man erhält auf diesem Weg nur scheinbar das, was man erstrebt: die Dokumentation der beruflichen Entwicklung.

Die Angst vor Einsamkeit

Wenn man junge Mädchen fragt, warum sie Krankenschwester werden wollen, kommt meist die Antwort: «Ich will mit Menschen arbeiten.» Was steckt dahinter? Zusammensein mit Menschen heißt ja zunächst einmal, daß man nicht allein ist.

Der Pflegeberuf eröffnet die Chance, Einsamkeit zu verhindern. Man hat nicht nur Kollegen, sondern oft auch Patienten, die Hilfe brauchen, die dankbar sind, die oft nur menschliche Nähe suchen. Der Grundangst vor Isolation und Einsamkeit kann wirkungsvoll begegnet werden. Je größer aber die Angst vor Isolation, um so größer die Anstrengungen, sie abzuwehren. Gibt es auch hier Macht als Angstabwehr?

Es ist verführerisch, dazu beizutragen, daß der Patient in seiner Unselbständigkeit verharrt. Er braucht Hilfe, und er hält die Illusion der Pflegende, nicht allein zu sein, aufrecht. Nicht selten ergeben sich Privatkontakte über den Klinikaufenthalt hinaus. Und nicht selten machen Pflegende Überstunden, um eines Patienten willen, zu dem sie eine besondere Beziehung haben. Nur, je mehr Überstunden geleistet werden, je mehr vitale Kraft in die Klinikbeziehungen gesteckt wird, um so geringer wird die Chance, Zeit für stabile Sozialkontakte im privaten Umfeld zu haben. Die Leere im persönlichen Umfeld wird also vergrößert. Die Einsamkeit kann so schier unerträglich werden. Damit wird ein Teufelskreis beschritten: Die Bereitschaft, sich aus dem «Frei» holen zu lassen, wächst, wobei noch der angenehme Nebeneffekt entsteht, sich als besonders kollegial ausweisen zu können.

Schnell eröffnet sich eine weitere Machtquelle, die Macht der Institution gegenüber. Auf so einen Mitarbeiter wird ungern verzichtet, da er dem Ideal der Pflege entspricht. Damit schützt er sich und die Institution davor, sich mit überkommenen Strukturen auseinanderzusetzen. Wer sollte noch Anlaß haben, etwas ändern zu wollen? Wo soll der Impuls für Veränderungen herkommen?

Nur von oben betrachtet kehrt sich diese Macht in eine Ohnmacht der Institution um. Setzt die Institution nicht mehr Pflegekräfte ein, weil der geschilderte «Typus» gewährleistet, «daß es läuft», wird der vorhandene Personalstamm nahezu unersetzlich: Die Institution wird abhängig von den Pflegenden. Darüber hinaus ist aber auch der Pflegende abhängig von den Patienten und von der Institution, erfüllt er sich nicht seine Kontaktbedürfnisse in anderen Feldern: Es entsteht ein Zustand wechselseitiger, manchmal sogar feindseliger Abhängigkeit.

So gedeiht der Pflegenotstand zum Pflegestillstand.

Angst und Macht

Wir haben in diesem Beitrag eine geradlinige These und einen kausalen Zusammenhang verfolgt: Angst kann (muß nicht unbedingt) in Macht münden. Ängste mobilisieren auf psychologischer Ebene Abwehr und können Macht produzieren. Wir haben Macht als einen intrapsychischen Abwehrmechanismus gegen die Ängste der Pflegenden definiert. Wir können das Modell aber auch erweitern, indem wir Pflegende und Patienten mit einem interpsychischen Abwehrmechanismus miteinander verbinden: Die Angst von Patienten überträgt sich auf die professionellen Helfer und wird von diesen mit Macht abgewehrt.

Der Patient hat aber nicht nur Angst vor der Krankheit, sondern er hat auch Angst vor der Institution, die Macht über ihn gewonnen hat bzw. der er Macht über sich anvertraut hat und der er sich nicht selten ohn-mächtig ausgeliefert fühlt. Als interpersonale Abwehr können wir mit Mentzos (S. 26) solche Formen von Abwehr bezeichnen, die sich an Verhaltensweisen festmachen lassen, bei denen Eigenschaften, Handlungen und Reaktionen des einen Interaktionspartners die Konfliktabwehr, oder in unserem Falle die Angstabwehr, des anderen Partners ermöglichen, fördern und stabilisieren.

Aber auch ein weiterer Aspekt ist nicht zu übersehen: Auch in der «machtvollen» Institution, bei den Machtinhabern in der Institution Krankenhaus, zu denen, so paradox es auch klingen mag, auch die Pflegenden gehören, ist die Angst ein stets gegenwärtiges Gefühl. Macht bedeutet (in der Sprache der Soziologie) Herrschaft. Die an Macht gebundene Herrschaft bedeutet nichts anderes, als daß Macht begrenzt wird, in unserem Fall durch Institutionen und durch institutionalisierte Verhaltensweisen. Auch hier besteht aber ein Kreislauf: Jede neu auftauchende Angst ist eine Gefährdung der Macht und führt zu dem Versuch, diese Macht zu festigen. Auf die Klinik übertragen bedeutet dies, daß jedes angstmachende Ereignis zu einer Gefährdung der institutionellen Verhaltensweisen und der eingeübten Affektkontrolle führt. In dem Versuch, solche Ängste abzuwehren, werden dann in der Regel die bestehenden Affektkontrollen und institutionalisierten Verhaltensweisen nicht etwa neu justiert, sondern lediglich verfestigt.

Wir haben also, in aller Kürze, drei *circuli vitiosi* herausgearbeitet:

1. Angst ist gleichzeitig der Initiator wie das Resultat von Abwehrprozessen.
2. Macht entsteht durch die Abwehr von Angst, und gleichzeitig produziert Macht selbst wieder Angst.
3. Jede neuauftretende, angstmachende Situation ist eine Gefährdung verfestigter Machtverhältnisse und führt ihrerseits wieder zu dem Versuch, diese Machtverhältnisse weiter zu festigen.

Literatur

Bauer, Annemarie, und Ulrike Bauer: *Angst und Macht als Korrelate pflegender Berufe*, in Pühl, Harald (Hg.): *Handbuch der Supervision*, Berlin 1990
Bräutigam, Walter, und Stefan Zettl: *Wie Angst entsteht*, in: Schultz (Hg.), 1987, S. 20–31
Gronemeyer, Reimer: *Die Entfernung vom Wolfsrudel. Über den drohenden Krieg der Jungen gegen die Alten*, Düsseldorf 1989
Jürgens-Becker, Anne: *Die Situation der Krankenschwester. Eine Betrachtung aus psychodynamischer Sicht*, Beilage in der Deutschen Krankenpflege Zeitschrift (DKZ), 40 (1987), Heft 11
Mentzos, Stavros: *Interpersonale und institutionalisierte Abwehr*, Frankfurt 1990, 2. Aufl.
Schultz, Hans-Jürgen: *Vorwort*, in: Schultz (Hg.) 1987, S. 8–11
Schultz, Hans-Jürgen (Hg.): *Angst*, Stuttgart 1987

Wolfgang Schmidbauer

«Ich wollte doch nur helfen» *

Die Tötung Kranker durch das Pflegepersonal

Die Frage sollte nicht sein: Was ist geschehen im Pavillon V der I. Medizinischen Abteilung des Krankenhauses Wien-Lainz? Sie sollte lauten: Wie oft muß ähnliches noch geschähen, ehe sich die Strukturen ändern, die jene furchtbaren Ereignisse zur Folge hatten? Es sind äußere Strukturen und innere, verinnerlichte. Wie immer, wenn es um soziale Störungen geht, sind alle Täter zugleich Opfer. Jene zehn (nach dem Geständnis der Hauptangeklagten im Prozeß), vierzig (nach dem von der Polizei mit suggestiven Verhörmethoden erstellten Konzept der Anklage) oder (nach den Vermutungen von Fachleuten, die nichts beweisen oder widerlegen müssen) vierhundert «zu früh» verstorbenen Patienten haben nichts getan, außer – alt, schwerstkrank, oft geistig verwirrt – die Pfleger und Pflegerinnen so zu überfordern, daß man sie in den Pavillon V verlegte, wo die Stationsgehilfin Waltraud Wagner zwischen 1982 und 1989 arbeitete. Jene Waltraud Wagner, die irgendwann im Jahr 1983 ihrer Freundin und Kollegin Irene Leidolf erläuterte, sie habe einem Arzt abgeschaut, daß eine Überdosis des Beruhigungsmittels Rohypnol alten, unruhigen Patienten den raschen Tod bringe. Das Opfer ihrer letzten Aktion liege noch im Sterbezimmer. Irene Leidolf erinnert sich an ihre Antwort. Kein Entsetzen, kein Aufschrei, keine Frage nach den Gründen. «Super!» lautete ihre Reaktion, gerade so wie man sich unter Freundinnen über einen Geheimtip freut. Das Opfer eines Opfers? Jedenfalls ein williges Opfer.

---

* Eine stark gekürzte Fassung dieses Beitrags erschien in *Psychologie heute*, August 1991

Wir haben über die Gehirnwäsche in totalitären Systemen gelesen, die durch eine desorientierende Mischung aus Grausamkeit und Gnade die derart Behandelten dazu bringen kann, allen bisherigen Bekenntnissen abzuschwören und Dinge zu tun, deren sie sich niemals für fähig gehalten hätten. Machten die Zustände im Pavillon V aus sonst unauffälligen Frauen Mörderinnen? Wie alle Vergleiche, so hinkt auch dieser, ist unvollständig, vernachlässigt Einzelheiten. Zum Beispiel sind die Opfer der Gehirnwäsche Gefangene; die Pflegerinnen Wagner, Leidolf sowie ihre Mitangeklagten, Maria Gruber und Stefanija Mayer, waren freie Menschen in einem freien Land. Sie hätten sich einen anderen Arbeitsplatz suchen können. Freie Menschen? Es ist ein offenes Geheimnis und bedarf keiner großen psychologischen Analyse, daß Menschen nur so frei sind, wie es ihre Charakterstruktur und ihre Intelligenz zulassen. Stellen wir uns also vor, daß sich ein großes, alle anderen beruflichen Möglichkeiten ausschließendes Bedürfnis in einem Menschen entwickelt hat zu helfen – koste es, was es wolle? Solche Fälle einer Persönlichkeitsentwicklung gibt es. Albert Schweitzer etwa, einst gefeiertes Vorbild der Jugend, ließ Karriere, Predigeramt, später Frau und Tochter im Stich, um dysenteriekranke Afrikaner zu behandeln. Schweitzer war ein hochbegabter, selbstkritischer Mann. Drei der Lainzer Täterinnen wollten «richtige», vollausgebildete Schwestern werden. Sie hatten dazu nicht die Begabung und blieben auf der untersten Stufe der Hierarchie hängen.

Nach dem Ehrenkodex der Kriegsmarine verläßt der Kapitän ein sinkendes Schiff zuletzt. Bei maroden Institutionen ist das anders: Die besserqualifizierten, kritischen Angestellten, die mühelos anderswo einen Arbeitsplatz finden, gehen zuerst. Und die schlechtausgebildeten Mitarbeiter, die Angst vor Veränderung haben, die bleiben. Und sie bekommen nun Aufgaben übertragen, für die sie nicht ausgebildet sind, die einst den Besserqualifizierten vorbehalten waren. Ein gutausgebildeter Arzt, eine diplomierte Krankenschwester wissen, was sie tun dürfen und was sie unterlassen müssen. Im Pavillon V trafen, wie Erbsen auf dem Boden der Schüssel, die Schwächsten zusammen: Die Last der Verantwortung für die Elendesten, für Patienten, bei denen medizinische und pflegerische Erfolgserlebnisse nicht mehr zu erwarten sind, wurde innerhalb des Klinik-Systems auf die Schwächsten abgeschoben – die Hilfsschwestern. Sie ließen sich unangemessene Pflichten aufladen und waren sogar stolz darauf, wenn sie Volldienst leisteten, Spritzen gaben und Medikamente austeilten.

Seit die technische, naturwissenschaftlich fundierte Medizin sich durchgesetzt hat, gibt es den Rollenkonflikt zwischen Ärzten und Pflegepersonal. Er ist in der Klinikrealität zumeist ein Konflikt zwischen Männern und Frauen, zwischen einer hierarchisch höheren und einer niedrigeren Position. Je komplizierter die diagnostischen und therapeutischen Prozeduren, desto tiefer auch die Kluft zwischen denen, welche die Macht über dieses Arsenal haben, und denen, die sowohl ausführendes Organ wie Anlaufstelle für die seelischen Kosten der Apparatemedizin sind. Wo der Kranke geheilt werden kann, ist dieser Konflikt in der Regel noch erträglich. Schließlich verbindet der gemeinsam erreichte Erfolg Ärzte und «Schwestern» (der familiäre Ausdruck zeigt, wie die traditionelle Frauenrolle systembedingte Lücken im modernen Klinikbetrieb stopfen soll). Aber wenn es um die «unheilbaren», die «hoffnungslosen» Fälle geht, macht sich die Sollbruchstelle bemerkbar. Die Ärzte, durch Wissen, Macht und bessere Rückzugsmöglichkeiten geschützt, ziehen sich vom Pflegefall zurück. Das Pflegepersonal soll ihn auffangen und versorgen. Aber diese Aufgabe ist nicht mehr so leicht wie zur Zeit Florence Nightingales. Angesichts der kümmerlichen medizinischen Möglichkeiten war die Pflege damals eine zwar schwere, aber doch oft dankbar aufgenommene Hilfeleistung. Es gab eine Selbstverständlichkeit des Leidens, eine gemeinsame Bereitschaft, einander in den Tod zu begleiten, den ohnehin niemand lange aufhalten konnte. Heute ist die seelische Belastung der Pflegeberufe enorm und bisher weitgehend unerkannt und unberücksichtigt angewachsen, so sehr, daß die Mehrzahl der qualifizierten Schwestern nach drei bis sechs Jahren den Beruf aufgibt. Ob diejenigen, welche im Beruf verbleiben, wirklich eine positive Auslese der wahrhaft Geeigneten darstellen, ob nicht auch viele unter ihnen sind, die zuwenig Initiative und Mut für einen Wechsel haben, ist eine offene Frage.

Die psychische Belastung des Pflegepersonals hat viele Ursachen. Ich werde mich hier auf jene Konflikte konzentrieren, die im Umgang mit «hoffnungslosen Fällen» entstehen können. Während früher alle Kranken wußten, daß die Ärzte nicht viel tun konnten, glaubt heute fast jeder Kranke – oft viel zu lange und mit schädlichen, beispielsweise durch hektischen Wechsel von Arzt und Behandlungsmethode ausgelösten Folgen –, daß ihm geholfen werden kann. Erklärt ihn der Arzt zum «Pflegefall», fühlt sich der Kranke oft verraten, verlassen, abgeschoben. Die Pflegerin, welche sich nun um ihn kümmern soll, ist für ihn «zweite Wahl». Er ist weder dankbar noch freut er sich, wenn sie kommt. Statt dessen fragt er, wann sich endlich der Arzt wieder blicken läßt. (Es ist vielleicht nicht überflüssig, darauf hinzuweisen, daß eine solche Problemanalyse nicht auf alle Fälle zutrifft, ebenso wie unsere Darstellung des Konflikts zwischen Ärzten und Schwestern sprachlich nicht die Situation zwischen Ärztinnen und Pflegern miterfassen kann.)

Die Patienten, die dem Tod geweiht waren, mit denen die Ärzte nichts mehr «anfangen» konnten, wurden in Lainz «schlechte Patienten» genannt, denen man «weiterhelfen» mußte. «Ich habe doch nur geholfen» – Frau Wagners Verteidigungssatz im Prozeß ist nicht ohne subjektive Wahrheit und spiegelt objektive Bedingungen, die ebenso skandalös wie verbreitet sind. Zu den im Pflegenotstand der Gegenwart verschlissenen Klischees gehört der Ausdruck «aufopfernde Pflege», mit dem noch vor zwanzig Jahren verdiente Krankenschwestern geehrt wurden. Bei solchen feierlichen Ehrungen wird – ähnlich wie am Muttertag – periodisch an etwas erinnert, was gefälligst an allen anderen Tagen funktionieren muß. Wenn solche Gedenktage, solche Ausdrücke und Erinnerungsreden eingeführt werden, ist das zumeist bereits ein Hinweis, daß wieder eine der emotionalen Ressourcen nicht länger der Ausbeutung standhält. «Aufopfernde Pflege» heißt, daß die Schwester für den Kranken das eigene Ich teilweise opfert. Solche Ichlosigkeit ist aber auch Grenzverlust.

Im traditionellen Ideal der Krankenschwester wurde dieser Ich- und Grenzverlust wettgemacht durch die Verschmelzung mit dem Über-Ich des Pflegeordens, durch die Hingabe an einen religiösen Wert außerhalb der eigenen Person: Die Aufopferung sollte im Jenseits entschädigt werden. Die Verweltlichung der Pflege führt dazu, daß dieses Über-Ich brüchig wird, welches die Lücken des Ich-Verlusts ausfüllen kann. Dort, wo die Voraussetzungen dafür fehlen, daß berufliche Qualifikation, institutionelle Solidarität oder angemessene Führungsqualitäten der Klinik-Hierarchie solche Einbußen ausgleichen, muß geschehen, was in Lainz und wohl – unentdeckt – an vielen anderen Orten geschah und geschieht. Die Grenze zwischen Helfer und Schützling wird durchlässig, die Schwester meint, aus Mitleid mit dem Kranken zu töten, und tut es doch nur aus Mitleid mit sich selbst.

Ähnlich wie der «erweiterte Selbstmord», beispielsweise einer depressiven Mutter, die meint, ihre Kinder mit in den Tod nehmen zu müssen, ist auch die Tötung schwerkranker Menschen, die für sich und für die Pfleger oder Pflegerinnen um sie herum nur eine Qual zu sein scheinen, ein Versuch, das überlastete eigene Ich zu retten, obwohl es in diesem Rettungsversuch zerstört wird. Ein besserorganisiertes, selbst-kritisches Ich würde sich einer Arbeit verweigern, die es in solche Zu-stände bringt.

Eingangs wurde beschrieben, daß die Helfer-Rolle manchmal ge-wählt und suchtartig festgehalten wird, weil ihr Verlust dem Helfer unerträglich scheint, er also um jeden Preis – auch um den des Verbre-chens – an der Illusion festhalten muß, er könne und müsse etwas für seinen Schutzbefohlenen tun. So kann es geschehen, daß der «lästige», hoffnungslose Patient sterben muß, weil er die eigene berufliche Kom-petenz zu widerlegen scheint und dadurch das empfindliche Selbstge-fühl des Helfers verletzt. Ähnlich lassen orientalische Despoten den Boten sterben, der schlechte Nachricht bringt. Aber diese aggressive Antriebskomponente wird nicht bewußt, sie verschwindet in dem Im-puls, das Opfer zu erlösen. Die geplagte, von allen Seiten unermeß-lichem Leid ausgesetzte und es auf ihre Weise mitfühlende Schwester verschmilzt mit dem hoffnungslos leidenden Patienten und befreit sich von ihrer eigenen Qual, indem sie dem Kranken den Tod gibt. Aber damit tötet sie auch ihr Selbstgefühl. Ihre Leidensfähigkeit nimmt ab, sie findet niemanden (oder doch nur verschworene Freundinnen), mit dem sie dieses Leid teilen kann. Sie kann deshalb auch nicht mehr auf-hören, sich auf eine Weise Erleichterung zu verschaffen, die dem Me-chanismus der Sucht entspricht: Hilfe für kurze Zeit, verschärfte Pro-bleme für später, wachsende Schwierigkeiten, auszusteigen. Zu töten wird Teil der beruflichen Routine; das gestörte und belastete Selbstge-fühl gewinnt als neuen, heimlich idealisierten Wert hinzu, zwar am untersten Ende der Klinikhierarchie zu stehen, aber verborgene Macht zu entfalten über Leben und Tod.

Aus diesem Allmachtspathos werden die vor Gericht immer wieder als Beweis von Heimtücke und Mordlust gedeuteten «Todesurteile» der Täterinnen verständlich. Michaela Roeder, die wegen 17 Patien-tenmorden in Wuppertal angeklagt und wegen Totschlags verurteilt wurde, notierte einmal im Übergabebuch, eine Schwerkranke sei «auf eigenen Wunsch in die LH» (Leichenhalle) verlegt worden.

Die Verantwortungsträger in den großen Kliniken glauben offenbar immer noch, daß die emotionale Belastbarkeit des Pflegepersonals schier unerschöpflich ist und alle Strukturmängel auffängt. Neben vie-len Unterschieden haben die Patienten-Tötungen in Wuppertal und Lainz gemeinsam, daß sehr junge, charakterlich wenig gefestigte, unbe-dingt auf äußeren Halt angewiesene Pflegerinnen eine Verantwortung aufgebürdet bekamen, die zu schwer für sie war. Auch hier spukt vielleicht noch das Bild des Schwesternordens in den Köpfen. Die Älteren leiten die Jüngeren an, geben ihnen Halt, fangen sie auf. Aber solche Mütter gibt es nicht mehr im Schichtdienst der Pflege- oder Intensivstationen. Die Täterinnen, Wagner wie Roeder, waren beliebt, tüchtig, zupackend, aber auch in gewisser Weise kindlich geblieben, ohne viel Privatleben, ohne befriedigende Beziehungen zu Männern. Die Klinik war alles oder doch fast alles für sie.

Wer Erfahrung mit Supervisions- und Selbsterfahrungsgruppen im klinischen Bereich hat, weiß, daß solche Persönlichkeitsstrukturen dort sehr häufig anzutreffen sind. Psychoanalytisch ausgedrückt: Die Institution soll Mängel der realen Eltern kompensieren, soll Schutz vor narzißtischen Kränkungen bieten. Daher fällt es vielen Pflegerinnen schwer, ein rationales Verhältnis zu ihrem Arbeitgeber zu entwickeln.

Entsprechend schwierig gestaltet sich daher die berufspolitische, gewerkschaftliche Arbeit in diesem Bereich. Die Klinik bietet selten günstige Bedingungen, um zu ermöglichen, daß die als «Helfer-Syndrom» beschriebenen Abwehrmechanismen nachträglich gelockert und umstrukturiert werden. Denn die defensive Identifizierung mit einer omnipotenten Mutterimago wird durch die äußere Situation nicht in Frage gestellt, sondern geradezu zementiert.

Während in der normalen Entwicklung eines Berufstätigen die eigenen Möglichkeiten, die eigene Macht, die Abhängigkeit nach oben und der Spielraum für eigene Entwicklungen und Entscheidungen immer realistischer gesehen werden, zerfällt die Persönlichkeit durch die Dynamik des «Helfens als Abwehr» in Fragmente grandioser Selbstüberschätzung und infantiler Abhängigkeit. Jene als «Hexe» (Wagner) oder «Todesengel» (Roeder) zu dämonischer Potenz stilisierten jungen Frauen waren andererseits so abhängig und naiv, daß sie in kindlich-selbstschädigender Bereitschaft den Kriminalbeamten alles gestanden, was diese wissen wollten. Später, als sie dann Abstand gewannen und eigene juristisch kundige Autoritäten – ihre Verteidiger – den Platz einnahmen, den einst die Klinikhierarchie und später die Polizei besetzt hatten, wurden diese Geständnisse widerrufen.

Der Pflegenotstand ist ein lästiges Thema. Im Grunde ist jeder betroffen. Aber wer denkt gern daran, daß einer dieser hilflosen, desorientierten, multipel geschädigten Alten einmal er selbst sein könnte? Viel von der Häme und dem Haß, der in den Massenmedien – vor allem der Boulevardpresse – über die Täterinnen ausgebreitet wurde, die genüßliche Verteufelung, die sexuellen Verfehlungen (Michaela Roeder wurde von der *Bild*-Zeitung als Lesbe geschildert, Waltraud Wagner als heimliche Prostituierte von der *Kronenzeitung* an den Pranger gestellt) drückt eine öffentliche Bereitschaft aus, den Einzelfall moralisierend auszuschmücken, um die bedrohlichen strukturellen Mängel verdrängen zu können. Der Abgrund an Gleichgültigkeit, wie es um die Lebensqualität der Patienten in den katholisch verwalteten Institutionen Wuppertals oder in der städtischen Klinik Wien-Lainz bestellt ist, verschwindet hinter einem hektischen Interesse, das Täterinnen und Opfer mit dem Aufwand eines Staatsbankettes umgibt.

Es ist leichter, die Ursachen für die hier beschriebene seelische Überforderung der Pflegeberufe zu erkennen, als ihnen wirksam entgegenzutreten. Ich will den Gewinn nicht unterschätzen, den der Kampf gegen eine moralisierende Vereinfachung der Situation verspricht. Aber sobald die Struktur klarer wird, die sich hier auswirkt, kann einem angst und bange werden. Die öffentlichen Verdrängungsneigungen werden verständlich. Um solche Pflegearbeit wirklich gut zu leisten, bräuchte man charakterlich stabile, überdurchschnittlich begabte, kreative und emotional reife Personen, kurzum Menschen, die kaum bereit sein dürften, für wenig Geld, geringes Ansehen und ohne Aufstiegs- und Qualifikationsmöglichkeiten zu arbeiten, ohne Mitspracherecht, immer zur «schlechteren Hälfte» der Medizin verurteilt. Das gesellschaftliche Prestige solcher Tätigkeit ist geschwunden; man kann diese Folge der Emanzipations- und Individualisierungsvorgänge beklagen oder loben, man kann sich ihr aber nicht entziehen. Solange die harten Fakten der Apparate und akademische Privilegien mehr zählen als die Qualität der Pflege, werden unsere Kliniken Gesundheit für die Heilbaren und Leid für die Unheilbaren produzieren.

Wenn wir die Pathologisierung und/oder Kriminalisierung der Täterinnen vermeiden und konsequent weiterfragen, was dieses Phänomen im Grenzgebiet von Medizin, Kriminologie und Psychologie zu bedeuten hat, wird es immer schwerer, einen roten Faden zu finden.

Die Rede vom «lebensunwerten Leben» ist älter als der Nationalsozialismus. Sie wurde von Hitler nur übernommen, in Politik umgesetzt. Der Gedanke kommt von einem Arzt, dem Psychiater Alfred Hoche. Aber es wäre eine Illusion, daß mit der Zerstörung des Dritten Reichs auch solche Gedanken für immer ohnmächtig würden.

Überall in den Entwicklungsländern, in Bangladesh, Ägypten, Tunesien oder Brasilien, am Rand der Urwälder, die zu Steppen werden, und am Rand der Steppen, die zu Wüsten werden, zerstört ein ungesteuertes Wachstum der Bevölkerung die Lebensgrundlagen. Wo vor dreißig Jahren vierhundert Menschen bequem satt wurden, hungern dank der importierten medizinischen und sozialen Fortschritte heute viertausend Menschen. Die übergrasten Weideflächen verlieren ihre Fruchtbarkeit. Die aufgeblähten Städte saugen das Grundwasser aus riesigen Gebieten; Dürre für wenige ist schließlich das kleinere Übel gegenüber dem Durst (und der Verschwendung) der vielen. Das Leben und die Fruchtbarkeit sind bedrohlich geworden, sie scheinen sich selbst zu verzehren. Das kann nicht ohne Folgen bleiben für unseren seelischen Zustand. Während die Schreckgespenster, welche Hitler beschwor, der «Blutzoll der Besten» war, den der erste große Krieg gefordert hatte, verbunden mit einem perfiden Bild der geistig oder rassisch Minderwertigen, die sich schrankenlos vermehren, entfalten der «Pflegenotstand», die «Überalterung» und die «Übervölkerung» neue Schrecknisse, gegen die unsere Politiker Verantwortungsethik, Wohlfahrtsstaat oder Albert Schweitzers «Ehrfurcht vor dem Leben» beschwören wie primitive Schamanen ihre Schutzgeister. War im Nationalsozialismus das «Volk ohne Raum» die expansive, aggressive Variante des kurzsichtigen Gruppenegoismus, wird gegenwärtig die defensive Variante in den Industriegesellschaften zum Allgemeingut. Rechte Parteien kämpfen mit dem Schlagwort «Das Boot ist voll» gegen den «Asylmißbrauch». Es liegt in der Luft, daß wir Mitleid nur so lange empfinden werden, wie wir es uns leisten können.

Wozu diese Beispiele? Sie sollen Metaphern für den strukturellen Druck liefern, dem wir ausgesetzt sind. So wie unsere Umwelt geworden ist, macht sie es uns sehr schwer zu erkennen, daß die Lösung der Zukunft nicht das Tun ist, sondern das Lassen, der Verzicht. Also: nicht noch mehr Autobahnen, sondern weniger Autos. Das ist noch relativ leicht einzusehen. Aber: nicht noch kompliziertere, teurere Autos, sondern einfachere, die sich leichter verschrotten lassen? Unmöglich. Die unsere Medien und Parteien beherrschende Industrierationalität beharrt auf dem «schadstoffarmen» Zwölfzylinder.

Öfter einem mehrfach kranken Alten nicht zur Operation raten, sondern ihm ein friedliches Ende ohne Schmerzen anbieten? Einmal nicht reanimieren? Solche Entscheidungen werden getroffen, aber nur heimlich. Sie müssen gewissermaßen unter der Oberfläche und gegen die Strömung schwimmen. Sigmund Freud hatte mit seinem Arzt Max Schur einen Pakt geschlossen, daß dieser ihn nicht unsinnig leiden lassen würde. Schur tötete den Schwerkranken durch eine Morphiuminjektion. Der Mut beider Männer verdient Bewunderung – sowohl über dieses Thema zu sprechen, wie nach ihrer Vereinbarung zu handeln.

Ein Patient in Freuds Situation kann heute ziemlich sicher sein, daß Ärzte und Pflegepersonal mit ihm nicht offen und ernsthaft über solche Wünsche sprechen. Es wäre verfehlt, hier lediglich die Helfer verantwortlich zu machen. Sie sind es so sehr oder so wenig, wie die Automobilingenieure für die Verkehrsmisere. Wo der Arzt vielleicht bereit wäre, die Lebensqualität über die Maximalmedizin zu stellen, holen die Angehörigen den Kranken ab und verlegen ihn zum Spezialisten für geriatrische Chirurgie. Es ist kein Zufall, daß ein angesehener Vertreter dieses Fachs die Intensivstation «belieferte», auf der Michaela Roeder bis zu ihrer Verhaftung arbeitete.

Die Zustandsbilder dieser Patienten zeigen, unter welchen Umständen heute operiert wird. Einige Beispiele: Der 80jährige Otto K. war zuckerkrank, litt unter hohem Blutdruck, einer Lungenentzündung, Herzrhythmusstörungen, einer Perforation der Gallenblase, Darmverschluß und Niereninsuffizienz. Er wurde vier Tage vor seinem Tod operiert. Der 92jährige Ernst D., wegen eines durchgebrochenen Magengeschwürs operiert, war bereits schwer herzkrank, litt unter zerebralen Durchblutungsstörungen und hatte eine Bauchfellentzündung. Die 75-jährige Emmi W. war in zwei Jahren viermal operiert worden: zuerst wurden Teile des Dickdarms und der Blase wegen eines Karzinoms entfernt, dann ein Teil des Dünndarms, schließlich sollte ein künstlicher Darmausgang angelegt werden. Sie starb einen Tag nach der letzten Operation. Die 84jährige Maria K. wurde am Hüftgelenk operiert; sie war zuckerkrank und schwer herzleidend. Die 77jährige Gertrud H. lag fast ein Jahr im St. Petrus-Krankenhaus. Sie hatte bis zu ihrem Tod drei schwere Bauchoperationen – zuletzt wegen eines Dickdarmtumors – durchgemacht.

Michaela Roeder, so stand in der Anklageschrift, setzte sich «über jegliche ärztliche Kunst hinweg, um als Herrin über Leben und Tod von Fall zu Fall zu entscheiden, wer weiterleben durfte oder nicht». Jeden Zweifel am Sinn der Operationen wischte der Staatsanwalt mit dem Argument zur Seite, die betagten Kranken hätten durch ihre Einwilligung in eine Operation ihren Lebenswillen dokumentiert. Während des Prozesses, aus der Distanz des Gefängnis- und Klinikaufenthalts (für das psychiatrische Gutachten) heraus, hat Michaela Roeder die Anmaßung und Selbstüberschätzung erkannt, die in ihren Entscheidungen «über Leben und Tod» steckte. Sie hat auch dafür gebüßt. Aber bei Staatsanwälten und Chirurgen sucht man solche Selbstkritik wohl vergeblich. Kein Wunder, denn sie handeln im Einklang mit der Rationalität eines Systems, die an die Rationalität an Bord der Titanic erinnert.

Aus größerem Abstand betrachtet, ist das blinde Funktionieren der Mannschaft einer Titanic ebenso unvernünftig wie die blinde Rebellion einer Befehlsempfängerin. Die Vernunft erfordert, Konsequenzen bis zu Ende zu denken und zu fragen: Was wird aus einer Menschheit, die ihre eigene Intensiv- und Maximalmedizin so wenig beherrscht wie ihre Neigung zu Bau und Vermarktung kostspieliger Maschinen, die sich am Ende nur noch gegenseitig blockieren oder zerstören, oder zur Zeugung und Geburt von Milliarden, die sich am Ende nur gegenseitig massakrieren?

Solche Argumente sind ein Gegengift, das vor einem partikularistischen Fortschrittsoptimismus schützt, aber kein Heilmittel. Not tut ein Abbau des medizinischen Zugriffs, eine Gleichberechtigung der Interessen von Ärzten und Pflegepersonen. Nur dann läßt sich die Abstimmung mit den Füßen vermeiden, die so viele qualifizierte Kräfte aus den Institutionen hinausführt, oder der tödliche Durchbruch des Unterdrückten bei jenen Helfern, die längst ihren Beruf hätten aufgeben oder ihre Einstellung zu ihm ändern müssen.

Mehr Psychologen im Krankenhaus, mehr Supervision auf den Stationen, eine bessere Ausbildung der Pflegerinnen, eine Bezahlung, die leistungsgerecht ist, Aufstiegs- und Qualifikationsmöglichkeiten – alle diese Maßnahmen sind Stückwerk. Sie können sich auch kontraproduktiv auswirken (der Psychologe macht den Schwestern ein schlechtes Gewissen, die Pflegerinnen kommen vor lauter Verwissenschaftlichung nicht mehr in Kontakt mit den Kranken, in der demokratisch geführten Station schiebt jeder die Verantwortung auf den nächsten). Aber ohne den Mut zum Stückwerk und die Toleranz für Fehlschläge kann sich in diesem festgefahrenen System nichts bewegen. Alle Patienten, die Kliniken meiden, in denen schlecht gepflegt wird, alle Schwestern, alle Ärzte, die sich weigern, Strukturmängel mit Aufopferung zu kaschieren und medizinische Zumutungen mit dem Mantel der Nächstenliebe zu bedecken, können zu diesem Prozeß beitragen. Wer hilft, ohne zu denken, ist in einer hochentwickelten Gesellschaft eine Gefahr für sich selbst und für andere.

Nachtrag 1   Von Wolfgang Schmidbauer

Am Karfreitag, dem 29. März 1991, fielen die Urteile im Wiener Lainz-Prozeß. Zwei der vier angeklagten Hilfsschwestern wurden zu lebenslanger Haft verurteilt, die beiden anderen zu 20 und 15 Jahren Freiheitsstrafe. Der Staatsanwalt hatte die Geschworenen überzeugt, die ersten, vor der Polizei abgelegten Geständnisse als Tatsache zu akzeptieren, nicht die Aussagen vor Gericht. Während man in der langen Verhandlung gegen Michaela Roeder[1] die Motive der Angeklagten ausführlich diskutierte und ein gründliches psychiatrisches Gutachten erstellen ließ, wurde der Lainzer Prozeß in 17 Tagen durchgezogen und auf das Urteil von Nervenärzten gestützt, welche die Angeklagten nur einige Stunden gesehen hatten. Das Gericht bezog sich dabei auf eine Vorgabe des österreichischen Strafrechts, das einen Mord immer dann annimmt, wenn getötet wurde, ohne daß die Frage der Motive geklärt werden muß. Alle Beweisanträge der Verteidigung, welche die katastrophalen Zustände in der Lainzer Klinik und die verantwortlichen Stadträte und Ärzte einbeziehen sollten, sind zurückgewiesen worden.

Nachtrag 2   Von M. D.

Sehr geehrter Herr Dr. Schmidbauer!
Von Ihrem Essay in dem *Psychologie heute*-Heft von August «Ich wollte doch nur helfen» habe ich mich sehr betroffen gefühlt und möchte Ihnen deshalb gern schreiben. Ich arbeite ebenfalls im Krankenhaus, allerdings nicht als Schwester, sondern als Assistenzärztin, trotzdem leide ich sehr unter den Arbeitsbedingungen. Ich bin häufig von morgens 7 Uhr bis abends 19 Uhr im Krankenhaus[2], weil ich einfach mit der Arbeit nicht eher fertig werde. Trotzdem muß ich mir dann manchmal noch Krankenakten mit nach Hause nehmen. Obwohl ich jetzt schon drei Jahre in der Inneren Medizin arbeite, ist es im Laufe der Zeit nicht besser, sondern schlimmer geworden, weil ich immer mehr zusätzliche Arbeiten machen soll. Ich habe oft das Gefühl, daß es so nicht weiter geht, aber ich weiß auch nicht, was ich dagegen machen soll. Ich schaffe es auch nicht, Arbeit liegen zu lassen, weil ich Angst habe, daß ich dann etwas übersehe, verkehrt mache und den Überblick verliere. In einem Chaos könnte ich dann gar nicht mehr arbeiten. Andererseits werde ich immer genervter und habe das Gefühl, immer schlechter zu arbeiten und mich selbst zu vernachlässigen.

1 Die in Wuppertal wegen ähnlicher Delikte zu zehn Jahren Haft verurteilt worden ist.
2 Alles unbezahlte Überstunden.

Ich habe versucht, mich dagegen zu wehren, mit unserem Chefarzt und der Oberärztin darüber zu diskutieren, aber das hat überhaupt nichts genützt. Vor einigen Monaten sagte unser Chef bei der Nachmittagsbesprechung, die Schwestern würden immer mauern und sagen, es seien keine Betten auf den Stationen frei, obwohl welche frei wären, das ginge so nicht so weiter, die Stationsärzte müßten darauf achten, daß so etwas nicht vorkomme. Daraufhin habe ich gesagt, ich könnte verstehen, daß die Schwestern das so machten, es sei ja auch so, daß man oft trotz einiger freier Betten mit der Arbeit nicht fertig werden könne. Ich sei auch fast jeden Tag 12 Stunden im Krankenhaus und würde es trotzdem nicht schaffen. Mir ist bei dieser Auseinandersetzung die Wut von Monaten über die Arbeitsbedingungen hochgekommen, mir war in dem Moment alles egal, so daß ich taktisch sicher nicht sehr geschickt vorgegangen bin. Unser Chef hat sich sofort angegriffen gefühlt und ist explodiert. Als letztes hat er gesagt, er könne gerade mir noch ganz andere Dinge sagen, aber er wolle ja nicht persönlich beleidigend werden. Nach dieser Drohung war ich dann natürlich sprachlos. Obwohl alle Kollegen bei dieser Auseinandersetzung dabei waren, hat mir nur ein einziger geholfen. Er sagte, man müsse doch sehen, daß unter diesen Arbeitsbedingungen die Patientenversorgung nicht optimal möglich sei. Daraufhin sagte unser Chef, das wisse er, deshalb würde er auch viele Dinge tolerieren (bei dem, was die Assistenzärzte verkehrt machen), die er sonst nie tolerieren würde (damit waren sicher vor allem undiktierte Arztbriefe gemeint). – Die anderen Kollegen haben mir hinterher fast Vorwürfe gemacht, daß ich etwas gesagt habe, sie meinten, das würde sowieso nichts bringen; wenn überhaupt, müsse man mit dem Chef unter vier Augen reden usw. – Auch mit der Oberärztin habe ich versucht, über dieses Problem zu reden. Sie ist eigentlich sehr nett und tolerant. Aber sie sagt dann nur zu mir, ich müsse eben versuchen, schneller zu arbeiten oder die Arbeit mal liegen zu lassen, die anderen könnten das auch, das müßte ich doch schaffen können usw. – Ich denke selbst oft darüber nach, ob es wohl in erster Linie an mir liegt, ob ich psychisch gestört bin, ob ich langsam arbeitssüchtig werde und nur noch für das Krankenhaus lebe, oder ob die Arbeitsbedingungen wirklich so schlecht sind. Ich glaube, viel liegt daran, daß man die Arbeit im Krankenhaus unter den jetzigen Bedingungen einfach nicht schaffen kann. Viele Kollegen von mir stöhnen genauso. Die meisten denken, daß sie nicht immer am Krankenhaus bleiben wollen oder daß es woanders noch schlimmer ist, deshalb setzt sich niemand dafür ein, etwas zu verändern.

In Ihrem Essay werden viele Probleme der Arbeitsbedingungen im Krankenhaus angesprochen. Ich fand ihn deshalb sehr gut, zumal ich ähnliches vorher auch noch nie gelesen hatte, und glaube, daß diese Problematik auch in der Öffentlichkeit nicht gesehen wird, da sich viele die Krankenhäuser wie Schwarzwald-Kliniken vorstellen. Ich habe Ihren Artikel auch fotokopiert und versucht, auf meiner Station mit den Schwestern darüber zu diskutieren. Das ist auch ganz wohlwollend aufgenommen worden, viel mehr ist allerdings auch nicht daraus geworden. Aber wir haben bei der Arbeit sowieso keine Zeit und Ruhe, um mal ungestört über so etwas zu reden.

Einige Dinge sehe ich allerdings anders, als sie in dem Artikel dargestellt werden. Ich finde, daß etwas zu stark die individuellen Fehlentscheidungen von einigen Chirurgen betont werden, irgendwelche Operationen noch durchzuführen. Meiner Meinung nach sind diese Fehlentwicklungen Folgen der allgemeinen Einstellung zu «Sterben und Tod». Bei uns werden oft noch Neunzigjährige komatös ins Krankenhaus eingeliefert, weil es heißt, zu Hause könne niemand die Verantwortung übernehmen. In Fällen, wo ganz klar ist, daß der Betreffende bald stirbt, ist es meistens nicht schwer zu entscheiden, nicht mehr so viel zu tun. Aber man muß sich doch mit dem Patienten auseinandersetzen, und wenn er dann nach ein oder zwei Tagen stirbt, muß man das auch verarbeiten. Die Angehörigen und der Hausarzt sind vielleicht entlastet, wenn der Betreffende vor seinem Tod noch schnell ins Krankenhaus kommt, aber für das Krankenhauspersonal ist es nicht leicht. Manchmal sagen die Angehörigen, sie wollen, daß nichts mehr gemacht wird. Aber niemand kommt auf die Idee, daß es eigentlich leichter wäre, zu Hause nichts zu tun, als im Krankenhaus, wo alle Möglichkeiten da sind. Mir fällt es häufig sehr schwer zu akzeptieren, daß ich jemand sterben lassen muß, nicht weil ich das als medizinischen Mißerfolg ansehe oder aus irgendwelchen Prestigegründen handele, wie vielleicht die von Ihnen beschriebenen Chirurgen. Mit tut einfach der Patient leid, und ich finde es grausam, wenn er stirbt. Das liegt aber sicherlich auch daran, daß ich mich noch nicht oft genug mit Sterben und Tod auseinandergesetzt habe. Oft holen ja auch Angehörige bei unheilbar Kranken noch den Notarztwagen, weil sie eben auch einfach nicht ertragen können, daß ihr Angehöriger stirbt.

Hinsichtlich der Frage der Fortsetzung von lebensverlängernden Maßnahmen haben Ärzte und Schwestern sicher schon durch ihre berufliche Sozialisation unterschiedliche Auffassungen. Ich habe schon eine psychologische Untersuchung gelesen, wo dies festgestellt wurde. Die Schwestern neigten bei den dort beschriebenen Fallbeispielen meist dazu, die Therapie abzubrechen, weil sie auf Grund ihrer größeren Nähe zum Patienten das Leiden stärker miterlebten, das die Behandlung bedeutete. Das sagt aber nichts darüber aus, wer im Endeffekt recht hat. In der Untersuchung waren auch mehrere Fälle beschrieben, wo der Patient noch viele lebenswerte Jahre hatte, weil die Behandlung fortgeführt worden war, die nach Entscheidung der Schwestern abgebrochen worden wäre. Natürlich kommt auch der umgekehrte Fall vor, daß die ganze Quälerei umsonst war. Ich finde, man muß zunächst versuchen, wertfrei zu sehen, daß diese unterschiedlichen Einstellungen eben mit der beruflichen Rolle und Nähe zum Patienten zu tun haben, ohne sich irgendwie festzulegen, wer recht hat.[3]

Außerdem meine ich, daß in dem Essay die «Macht» der Ärzte etwas zu sehr betont wird, obwohl heute, zumindestens den Krankenhausverwaltungen gegenüber, die Verhältnisse schon anders sind, da es ja inzwischen eine Ärzteschwemme, aber einen Pflegenotstand gibt. Die Schwestern werden zwar viel schlechter bezahlt. Dafür wird von ihnen nicht erwartet, daß sie unbezahlte Überstunden machen. Das gibt es an unserem Krankenhaus jedenfalls nur bei den Ärzten. Diese Überstunden stellen für mich das größte Problem dar. Bei uns haben auch fast alle Assistenzärzte befristete Arbeitsverträge, während die Schwestern unbefristete Verträge haben. Dadurch sind wir von der Verwaltung und dem Chefarzt abhängiger. Auf Grund der Ärzteschwemme ist es für uns noch schwieriger, die marode Institution zu verlassen, als vielleicht für die Schwestern.

Insgesamt möchte ich Ihnen aber noch einmal sehr für das Schreiben dieses Essays danken! Meiner Meinung nach müßten die von Ihnen beschriebenen Probleme noch viel stärker in der Öffentlichkeit diskutiert werden. Dieser Artikel ist ja wirklich ein sehr guter Anstoß dazu, und viele Gesichtspunkte daraus habe ich vorher auch noch nie in ähnlicher Form dargestellt gesehen. Vielleicht könnten Sie ja irgendwann noch mal einen ähnlichen Artikel schreiben und darin auch noch die Arbeitsbedingungen der Assistenzärzte im Krankenhaus stärker berücksichtigen.

Mit freundlichen Grüßen
M. D.

P. S. Einerseits wollte ich Ihnen sehr gerne meine Gedanken zu diesem Thema schreiben, andererseits traue ich mich aber nicht, meinen Namen anzugeben, weil ich ja in bezug auf die Arbeitsbedingungen im Krankenhaus an die Schweigepflicht gebunden bin. Deshalb gebe ich die Adresse einer Bekannten an.

---

3 Im allgemeinen wird heute sicher meist «zu viel» getan, aber trotzdem kann man sich doch nicht in jedem Fall von den Gefühlen leiten lassen, die entstehen, wenn man mit so einem Schwerstkranken zu tun hat, denn manchmal kann das ja doch falsch sein.

Wege
aus der Krise

Peter Jacobs

«Zehn Minuten vor der Zeit ist der Schwester Pünktlichkeit»

Gibt es eine Lösung des Pflegenotstandes?

Eine Lösung des «Pflegenotstandes», der weltweit mangelhaften pflegerischen Versorgung in den Industriestaaten ist nicht in Sicht. Wer heute ernsthaft über Lösungsansätze nachdenken will, muß eines als Grundvoraussetzung akzeptieren: Es ist bereits fünf *nach* zwölf. Diejenigen unter uns, die in den kommenden Jahren pflegebedürftig werden, sind mit einer kurzfristig nicht zu behebenden Mangelsituation konfrontiert. Wer dies nicht wahrhaben will — und in letzter Zeit wird immer häufiger davon gesprochen, daß es mit dem «Pflegenotstand» vorbei sei —, geht von falschen Prämissen aus und überblickt das Problem nicht in seiner gesamten Dimension.

Zur Zeit wird der Mangel an qualifiziertem Pflegepersonal durch drei Maßnahmen zu beheben versucht: den neuerlichen Import ausländischer Krankenschwestern, eine Verschiebung von Pflegepersonal von Ost nach West und die vermehrte Einstellung von ungelernten Hilfskräften auf Schwesternplanstellen. Allen Maßnahmen ist gemein, daß sie auf einem rein quantitativen Ansatz beruhen. Die offenen Planstellen in der Krankenpflege sollen besetzt werden, gleichgültig mit wem und in welcher Qualifikation.

Die Integration ausländischer Schwestern und Pfleger kann die gravierenden Probleme der deutschen Sozial- und Gesundheitspolitik auf dem Pflegesektor allenfalls regional lindern. Weder gibt es ausländisches Pflegepersonal in genügender Anzahl, noch ist sicher, wie lange eine ausländische Krankenschwester dann auch in Deutschland bleiben wird. Ausgerechnet die Rekrutierung von Schwestern aus dem Krisenland Jugoslawien soll derzeit die Probleme lösen helfen. Dabei machen es sich die Entscheidungsträger in der Pflegepolitik in mehrfacher Hinsicht zu leicht. Mit den konkreten Problemen ausländischer Mitarbeiter sind schließlich vor allem die Schwestern und Pfleger konfrontiert: Neben der fachlichen Einarbeitung muß die deutsche Sprache vermittelt werden; kulturelle Unterschiede sind zu berücksichtigen, und die Wochenendheimfahrten nach Jugoslawien erfordern Rücksicht auf die Dienstplangestaltung. Durchaus nicht selten geben die kaum eingearbeiteten ausländischen Pflegekräfte die deutsche Arbeitsstelle wieder auf, weil die Kriegswirren eine Rückkehr zur Familie erfordern oder weil sie gewahr wurden, daß in der Schweiz für Pflegepersonal höhere Löhne gezahlt werden. Es bestehen fatale Ähnlichkeiten zu den sechziger Jahren. Damals hat man den Mangel an Pflegepersonal mit koreanischen Schwestern zu beheben versucht. Es kam zu großen Spannungen auf den Stationen, weil koreanische Krankenschwestern aus einem völlig anderen Kulturkreis kamen und vor allem, weil der Krankenpflegeberuf in Korea, für den das Abitur vorausgesetzt wird, ein angesehener Beruf für eine Frau war. Daher konnten sich die koreanischen Schwestern nicht mit der Stellung und den Tätigkeiten ihrer deutschen Berufskolleginnen abfinden. Heute wird all dies oft in einem verklärten Licht gesehen. Wer damals aber in der Krankenpflege tätig war, weiß um die immensen Schwierigkeiten.

Die Verschiebung von Ost- nach Westdeutschland in der Krankenpflege ist eine Zeitbombe. Spätestens, wenn die Bevölkerung in den neuen Bundesländern die derzeitigen wirtschaftlichen Probleme in den Griff bekommen hat, wird der Ruf nach adäquater pflegerischer Versorgung laut werden. Die Deutsche Krankenhaus-Gesellschaft (DKG) hat bereits eindringlich vor der Abwerbung von Krankenpflegepersonal aus den neuen Bundesländern gewarnt. In der Berliner Erklärung vom 26. Juli 1991 haben die Gesundheitsminister und -senatoren von Bund und Ländern, der Deutsche Städtetag, der Deutsche Landkreistag, die Deutsche Krankenhaus-Gesellschaft, Vertreter der Tarifpartner und Vertreter der Berufsverbände Abwerbeaktionen westdeutscher Krankenhäuser scharf verurteilt.[1]

Der verstärkte Einsatz ungelernter Arbeitskräfte im komplizierten und vielschichtigen Medizin- und Pflegebetrieb wird zu einer Qualitätseinbuße in der Pflege führen, die zwangsläufig auch die Ergebnisse der ärztlichen Behandlung beeinträchtigt. Steigende Infektionen durch mangelhafte Hygienekenntnisse, Zwischenfälle im Umgang mit der komplizierten Medizintechnik oder Verzögerungen im Genesungsprozeß durch unsachgemäße Pflege sind einige Komplikationen, die bereits heute mit zunehmender Tendenz auftreten.

In der Fachliteratur wird diskutiert, der wievielte «Pflegenotstand» nach dem Kriege denn der gegenwärtige eigentlich sei. Während die einen vom dritten Notstand sprechen – in den fünfziger Jahren, Anfang der sechziger Jahre und nun seit Ende der achtziger Jahre –, vertreten die anderen die Auffassung, «Pflegenotstand» sei ein Dauerzustand.

Tatsache ist, daß es in Zeiten wirtschaftlicher Rezession immer genügend Pflegepersonal gegeben hat. Ähnlich wie die Bundeswehr in solchen Phasen plötzlich über genügend Bewerber als Zeitsoldaten verfügt, hat auch die Krankenpflege dann mehr als genug Interessenten. Dabei hat sich jedoch gezeigt, daß die Krankenpflege vom Überangebot an Bewerbern nicht profitieren kann. Zum einen sind die Ausbildungsplätze an den staatlich anerkannten Berufsfachschulen nicht beliebig erweiterbar, zum anderen steigen gerade diejenigen, die den Beruf lediglich als Notnagel in wirtschaftlich schlechten Zeiten gewählt haben, bei der erstbesten Gelegenheit wieder aus. Tatsächlich würde auch eine Wirtschaftskrise also nicht dazu beitragen, den Mangel an Pflegepersonal auf Dauer zu beheben.

Immer häufiger zeigt sich darüber hinaus, daß selbst dann, wenn alle offenen Stellen mit qualifiziertem, dreijährig ausgebildetem Pflegepersonal besetzt wären, der Notstand kein Ende hätte. Ein Grund hierfür liegt in den Fortschritten in der Medizin, in den immer aufwendigeren Therapien für immer ältere Patienten. Dadurch steigen die Anforderungen an die Pflege überproportional. Ein Patient, der noch im hohen Alter operiert wird, bedarf pflegerisch nicht nur einer Behandlung seiner akuten Erkrankung, sondern auch der Versorgung seiner altersbedingten Leiden. Darüber hinaus braucht der alte Mensch länger, um sich nach einer Therapie wieder selbst versorgen zu können; er benötigt entsprechende Hilfestellungen bei so alltäglichen Verrichtungen wie Körperpflege, Nahrungsaufnahme oder Bewegung. Hierfür wird also entsprechend mehr Pflegepersonal benötigt. Die Berechnungen aber, wie viele Pflegekräfte für die Versorgung der Patienten erforderlich sind, sind über zwanzig Jahre alt! Eine Verbesserung, das heißt eine Aufstockung der Planstellen, ist jedoch nicht realisierbar. Die Krankenkassen verweisen in diesem Zusammenhang auf die hohen Mitgliedsbeiträge, die sich nicht ohne weiteres anheben ließen.

Eine Neuberechnung der Personalstellen im Pflegedienst steht deshalb schon seit langem aus. Nachdem sich die Verhandlungspartner bei den Pflegesatzverhandlungen nicht einigen konnten, muß jetzt die Politik das Problem lösen. Nach einer Verlautbarung aus dem Bundesgesundheitsministerium soll 1992 eine Verordnung über eine leistungsbezogene Personalbemessung im Pflegedienst erlassen werden.[2] Die hierfür erforderlichen Mittel müssen woanders eingespart werden. Wie gut dies funktioniert, war am 13. Oktober 1991 den Nachrichten zu entnehmen. Die pharmazeutische Industrie hatte nämlich vor dem Hintergrund des Gesundheitsreformgesetzes Kassensturz gemacht. Statt des erwarteten Umsatzminus war eine Umsatzsteigerung bei den Medikamenten um 17 Prozent erreicht worden. Das entspricht 15 Milliarden Mark! Nach Untersuchungen der AOK ist die Ursache dieser Preissteigerung in der steigenden Anzahl von Ärzten zu sehen: mehr Ärzte = mehr Rezepte = höhere Kosten. Außerdem steigt die Anzahl an Verschreibungen von Medikamenten, deren Wirkung zumindest umstritten ist. Damit wird klar, wie sehr die Ärzte als Kostenverursacher im deutschen Gesundheitswesen fungieren.

Was also muß geschehen, um die pflegerische Versorgung der Bevölkerung in Krankenhäusern, Altenheimen, in der Rehabilitation und in der häuslichen Umgebung in Zukunft sicherstellen zu können? Bei der Beantwortung dieser Frage muß es auch um Qualitätsaspekte in der Pflege gehen. Wenn Herr Blüm auf dem 15. Gewerkschaftstag der «IG Bau, Steine, Erden» im September 1991 das Beispiel eines 70jährigen Arbeitnehmers anführt, der 40 Jahre den Buckel hingehalten hat und nun als Pflegefall wieder zum Zehnjährigen degradiert wird, der von einem Taschengeld oder gar von Sozialhilfe leben muß, weil die Rente von den Pflegekosten aufgefressen wird, dann ist dies lediglich ein materieller Aspekt. Selbst wenn dieser 70jährige über eine Pflegeversicherung verfügen würde, die seine Pflegekosten übernimmt: Wer pflegt ihn denn? *Wie* wird dieser alte Mann betreut?

Ich möchte in diesem Zusammenhang auf Detailschilderungen aus bundesdeutschen Pflegeheimen verzichten. Sie sind bereits heute der einschlägigen Presse zu entnehmen. Wenn wir so oft über den menschenwürdigen Tod reden, sollten wir nicht übersehen, daß vor dem Tod zumeist eine mehr oder weniger lange Phase der Krankheit, des Siechtums, des Alters durchlitten wird. Diese Phase menschenwürdig zu gestalten, wäre das Gebot der Stunde. Jahrzehnte eines glücklichen und erfüllten Lebens können durch wenige leidvolle Monate, durch eine Krankheit, die unter unwürdigen, menschenverachtenden Bedingungen durchlitten werden muß, verdüstert werden.

Die in der Öffentlichkeit am häufigsten diskutierte Lösung ist eine Anhebung des Gehaltsniveaus. Angemessener Verdienst bedeutet: genügend Interessenten für die Pflegeberufe – so die einprägsame Formel. In unserer Gesellschaft hängt aber die Höhe des Verdienstes in großem Maße vom Sozialprestige eines Berufes ab. Daher ist es falsch, lediglich vom Lohn zu reden, ohne nicht gleichzeitig das Ansehen der pflegerischen Berufe mit in die Betrachtungen zu diesem Thema einzubeziehen.

Mit Geld allein lassen sich die Probleme nicht lösen. Im Gegenteil, die Tarifpolitik verschiebt lediglich die Ungerechtigkeiten und Ungereimtheiten in der Bezahlung von Pflegepersonal auf eine andere Ebene. Je nach Interessenlage wird dann interpretiert: Die baden-württembergische Krankenhausgesellschaft beispielsweise verkündet, daß der weit überdurchschnittliche Anstieg der Vergütungen die Pflegeberufe attraktiv mache.[3] Demgegenüber weist die neugegründete Gewerkschaft «Pflege» darauf hin, daß durch Veränderungen im neuen Tarifvertrag eine Schwester – je nach Eingruppierung – in ihren letzten zwanzig Dienstjahren 82000 bis 179000 Mark gegenüber anderen gleichgestellten Angestellten im öffentlichen Dienst weniger verdient.[4]

Tatsache ist, daß bei den Krankenschwestern tarifpolitisch etwas realisiert wurde, was bei den Gewerkschaften einerseits gewünscht, andererseits verpönt ist. Die Anhebung der Vergütungen gerade in den unteren Lohngruppen der Krankenpflege führt dazu, daß die mittleren Führungskräfte, also beispielsweise Stationsschwestern, unter Umständen weniger verdienen als die ihnen unterstellten Pflegekräfte. Das mindert die Bereitschaft, derartige Positionen zu übernehmen. Die Nivellierung von Löhnen und Gehältern zwischen Führungskräften und unterstelltem Personal ist allerdings gewerkschaftlich erwünscht. Fragt sich nur, warum sie gerade in dem Frauenberuf Krankenpflege (nach unbelegten Angaben gibt es nur circa 15 Prozent Krankenpfleger bei rund 400000 Pflegekräften) realisiert wurde.

Verpönt ist, insbesondere im öffentlichen Dienst Deutschlands, die Höhe des Gehaltes nach der Leistung des Mitarbeiters zu bestimmen. Ausgerechnet im Frauenberuf Krankenpflege gibt es jetzt aber einen sogenannten «Bewährungsaufstieg». Das heißt, wer sich fünf Jahre lang in seiner Tätigkeit bewährt hat, steigt eine Gehaltsgruppe höher – aber natürlich nur einmal. Wer im übrigen während dieser fünf Jahre *innerhalb* der Krankenpflege den Tätigkeitsbereich wechselt, verliert die bereits erworbenen Bewährungsjahre und muß sich erneut fünf Jahre bewähren. Diese wenigen, in der Öffentlichkeit nicht bekannten Tatsachen zur Tarifpolitik in den Pflegeberufen verdeutlichen bereits, daß Geldanreize allein nicht nur keine Lösung darstellen, sondern die Probleme teilweise lediglich verlagern oder gar neue schaffen.

Im übrigen haben wir inzwischen die Situation, daß eine Krankenschwester kaum noch weiß, wieviel sie eigentlich verdient. Statt eines definierten Gehaltes setzt sich ihr Lohn aus einer Vielzahl unterschiedlicher Posten zusammen. Da gibt es ein Grundgehalt, einen Ortszuschlag, Zeitzuschläge, Wegezeitgeld und ähnliches mehr. Dies birgt die Gefahr, daß bestimmte dieser Zulagen auch schnell wieder gestrichen werden. Jüngstes Beispiel hierzu bieten die oberbayerischen Bezirkskrankenhäuser, deren Mitarbeiter von heute auf morgen auf die Wegegeldzulage verzichten mußten. Damit erhalten mehr als 1400 Schwestern und Pfleger seit dem 1. Januar 1992 zwischen 150 und 270 Mark weniger als vorher.[5]

Überhaupt ist der finanzielle Anreiz, sich einer dreijährigen Krankenpflegeausbildung und unter Umständen anschließend noch einer freiwilligen mehrjährigen Weiterbildung zum Beispiel zur Krankenschwester für Anästhesie und Intensivpflege oder zur Krankenschwester im Operationsdienst oder in der Psychiatrie zu unterziehen, verschwindend gering. Dies führt zu einer weiteren (Schein-)Lösung des Problems «Pflegenotstand»: Zu den Vorschlägen, wie die Misere *personell* zu bewältigen sei. Neben dem Einsatz von Bundeswehrsoldaten, der Einführung des sozialen Pflichtjahres sowie einer Heranziehung ausländischer Pflegekräfte schwirren noch weitere Vorschläge durch die Diskussionen: Hausfrauen als Pflegerinnen – so der Vorsitzende des Verbandes der bayerischen Bezirke[6], Einführung von Stationsaushilfskräften – so ein Münchner CSU-Stadtrat[7], Beschäftigung von Asylbewerbern im Pflegebereich – so der baden-württembergische Innenminister[8], Studenten statt Krankenpfleger – so ein anderer Münchner CSU-Stadtrat[9]. Schließlich durfte auch die Meldung «Computer entlastet Pflegekräfte» nicht fehlen.[10]

Die letzte Meldung hat inzwischen eine makabre Aktualität erlangt. Laut einer dpa-Meldung ist in der japanischen Stadt Fukui am 26. Juli 1990 die 22jährige Krankenschwester Junko Yoshida unter der Dusche tot zusammengebrochen. Die Todesursache: Herzinfarkt durch Überarbeitung. Die Krankenschwester hatte gerade wieder einmal eine

34-Stunden-Schicht beendet. Die Eltern der Toten verklagen nun das Krankenhaus auf Zahlung von umgerechnet 845 000 Mark. Auch im Industriestaat Japan gehören die Krankenschwestern zu den am schlechtesten bezahlten Berufsgruppen, Nachwuchs ist kaum noch zu finden. Der Kolumnist einer japanischen Zeitung zeigte die Lösung auf: «Die künftigen Roboter können vielleicht noch keine Patienten in die Badewanne hieven oder ihren Körper massieren, aber sie werden mit ihnen sprechen können.»[11]*

Wer glaubt, diese Beispiele seien weit hergeholt und entsprängen fremder Mentalität, dem sei die Überschrift zu diesem Beitrag in Erinnerung gerufen. Der Satz «Zehn Minuten vor der Zeit ist der Schwester Pünktlichkeit» entstammt dem Standardrepertoire deutscher Krankenpflegeschulen. Die Erfüllung der Norm ist eben nicht genug, will man eine wirklich gute Schwester sein. Bei allen Vorschlägen, die darauf abzielen, den Mangel an Pflegepersonal durch unausgebildete Hilfskräfte auszugleichen, wird übersehen, daß auch auf diesem Segment des Arbeitsmarktes nicht ausreichend Personal zu finden sein wird. Will man nämlich den juristischen Anforderungen an eine sichere Pflege der Patienten genügen, darf dieses unausgebildete Personal lediglich zu Hilfsarbeiten in der Pflege herangezogen werden. So hat das Oberlandesgericht Köln in einem Fall einen Krankenhausträger zur Zahlung von Schadenersatz und Schmerzensgeld verurteilt, weil einem Studenten die Verabreichung einer intramuskulären Spritze bei einem Patienten übertragen worden war.[12]

Wer also heute allzu sorglos die Behebung des Mangels an qualifiziertem Pflegepersonal in der Einbeziehung unzureichend ausgebildeter Personen sucht, begibt sich auf ein gefährliches Terrain. Wie empfindlich hingegen auf eine Minderqualifikation in anderen Bereichen reagiert wird, sei an einem Beispiel verdeutlicht: Als im Oktober 1991 der (lizensierte) Trainer des Rekord-Fußballmeisters Bayern München, Jupp Heynckes, nach zahlreichen Fehlschlägen seinen Hut nehmen mußte, wurde der Ex-Bayern-Spieler Sören Lerby zu seinem Nachfolger bestimmt. Lerby aber besitzt nicht die notwendige Qualifikation zum Trainer. Sofort erhob sich ein Sturm der Entrüstung aus dem La-

---

* In der amerikanischen Fernseh-Serie *Trapper John, M. D.* wird ein solcher Roboter vorgestellt, mit einem (unwahrscheinlichen) Happy-End: Während ihn die Klinikverwaltung zur Personaleinsparung nutzen will, erkennt der «Druide», daß ihm zur Pflegearbeit die menschliche Kontaktfähigkeit fehlt. (Sendung SAT 1, 2. 12. 91)

ger der Lizenztrainer. Wochenlang berichteten die deutschen Gazetten in allen Einzelheiten darüber. Wen aber interessiert es, daß in einem Bereich, in dem es um die Erhaltung oder Wiederherstellung der Gesundheit geht, daß also in dem – im wahrsten Sinne des Wortes – lebenswichtigen Beruf Krankenpflege zunehmend Personen ohne «Lizenz», also ohne Krankenpflegeausbildung beschäftigt werden?

Es wird damit deutlich, daß in einer Gesellschaft, in der sich nach Aussage hochrangiger Politiker Leistung wieder lohnen muß, die adäquate Entlohnung dieser Leistung nur erfolgen wird, wenn der Beruf über ein entsprechendes Ansehen verfügt. Daher muß parallel zu einer weiteren deutlichen Einkommensverbesserung in den pflegerischen Berufen gezielte Imagepflege betrieben werden. Erste Ansätze dazu finden sich bereits. So existiert eine «Konzertierte Aktion Pflege» in Bayern, an der sich bereits über 30 landesweit tätige Verbände beteiligen. Moderne Hochglanzbroschüren sollen die verstaubten Informationsblätter der Arbeitsämter ablösen, Werbeaktionen laufen an den Schulen an. Die Pflegenden selbst haben es in den letzten drei Jahren erreicht, daß ihre Probleme zunehmend in das Bewußtsein der Öffentlichkeit rückten. Dies sind erste, kleine Schritte in die richtige Richtung. Eine Behebung der Misere in den Pflegeberufen kann aber wohl nur von innen heraus gelingen.

Damit ist der zweite große Lösungskomplex neben der Gesellschafts- und Tarifpolitik angeschnitten: die Krankenpflege und ihre inneren Strukturen. Auch diese können nicht losgelöst vom gesellschaftlichen Umfeld betrachtet werden. Ilsdore Zopfy, die Vorsitzende des Regionalverbandes Bayern im Deutschen Berufsverband für Pflegeberufe, hat es einmal so formuliert: «Es gibt uns nur, weil wir von der Gesellschaft benötigt werden. (…) Das heißt, wir haben einen gesellschaftlichen Auftrag zu erfüllen und sind ihm gegenüber verpflichtet, die Gesellschaft hat aber auch die Pflicht, uns die Möglichkeit für unsere Aufgabe zur Verfügung zu stellen. Sonst sind wir unserer Pflicht enthoben.»[13]

Zwei große Bereiche müssen für Lösungsansätze der Misere in den pflegerischen Berufen innerhalb der Krankenpflege betrachtet werden. Es sind dies erstens die Bildungspolitik in der Pflege mit den Elementen Ausbildung, Fort- und Weiterbildung sowie Pflegeforschung, und zweitens die Berufs- und Standespolitik in der Pflege mit den Stichworten Berufsbild, Pflegephilosophie und Qualitätssicherung. Dazu einige Anmerkungen.

Junge, in der Regel 18jährige, also volljährige Menschen, die den Beruf der Krankenschwester oder des Krankenpflegers erlernen wollen, müssen eine dreijährige, anspruchsvolle Ausbildung absolvieren. Sie sollen dabei auf einen Beruf vorbereitet werden, der von ihnen sachkundigen Umgang mit den Ärzten auf der einen und den in einer besonderen Lebenssituation stehenden Patienten auf der anderen Seite verlangt. Während der Ausbildung werden diese erwachsenen Menschen als Krankenpflege-*Schüler* bzw. -*Schülerinnen* bezeichnet – und meist auch als unmündige Schüler behandelt. Diese überkommene Form der Krankenpflegeausbildung ist nicht geeignet, Arbeitnehmer heranzubilden, die im Krankenhausalltag bestehen können. Nicht zuletzt darauf ist die Berufsflucht nach durchschnittlich fünf Berufsjahren zurückzuführen.

Eine Änderung des Arbeitsförderungsgesetzes hat des weiteren dazu geführt, daß nur noch Krankenschwestern und -pfleger den Beruf der Unterrichtsschwester im Rahmen einer zweijährigen Vollzeit-Weiterbildung erlernen können, die, beispielsweise auf Grund einer Erkrankung, aus dem aktiven Pflegedienst ausscheiden müssen. Dies gilt auch für die höchste Management-Position in der Krankenpflege, die Tätigkeit als Pflegedienstleiter oder -leiterin. Wer als gesunde Schwester diese staatlich nicht anerkannte Weiterbildung absolviert, muß sie selbst bezahlen. Neben dem zweijährigen Verdienstausfall fallen Schulungskosten von bis zu 25 000 Mark an. Da die Unterrichtsschwestern bei den jüngsten Tarifabschlüssen «vergessen» wurden und damit, gemessen an ihrer Ausbildung, zur schlechtestbezahlten Gruppe innerhalb der Pflegeberufe gehören, können diese Kosten nie wieder «eingearbeitet» werden. Eine dringende Forderung zur Lösung des «Pflegenotstandes» muß daher lauten, die verschiedenen Weiterbildungen in der Pflege einem anerkannten Standard zu unterwerfen und erfolgreich absolvierte Weiterbildungen auch entsprechend zu honorieren. Die derzeitige Praxis, daß nur noch diejenigen, die zuvor aus gesundheitlichen Gründen als untauglich für den Pflegeberuf erklärt wurden, für Leitungs- und Unterrichtsfunktionen bevorzugt werden, ist revisionsbedürftig.

Die Ausbildungsinhalte an den Krankenpflegeschulen müssen im Hinblick auf die Professionalisierung der Pflege neu überdacht und die Auszubildenden endlich als erwachsene Menschen und nicht als Schüler behandelt werden. Denn gerade aus der Begegnung zwischen einer jungen, als unmündig eingestuften Krankenpflegeschülerin und dem akademisch vorgebildeten Arzt ergibt sich ein Beziehungsgeflecht, das dazu angetan ist, eine vernünftige Teamarbeit in der Krankenversorgung unmöglich zu machen.

Seit mehreren Jahren schon versucht insbesondere der Deutsche Berufsverband für Pflegeberufe, eine eigenständige Pflegeforschung zu etablieren. Es mehren sich die Zeichen dafür, daß es der Pflege gelingen wird, sich sowohl im Fachhochschulbereich als auch an Universitäten zu etablieren. Damit würde, neben der anzustrebenden leistungsgerechten Bezahlung, ein weiterer Baustein zu einem gehobenen Ansehen der Pflege in der Gesellschaft gelegt.

Ein erstes größeres Forschungsprojekt ist gerade beendet worden. Darin konnte nachgewiesen werden, daß die Rehabilitation von Schlaganfall-Patienten durch eine aktivierende Pflege, die den Patienten von Anbeginn an in seinen Genesungsprozeß einbezieht, entscheidend verbessert werden kann. Neben der gesteigerten Lebensqualität werden dadurch erhebliche Kosten gespart, weil das neue Pflegekonzept weit mehr Patienten in die Lage versetzt, sich selbst zu versorgen oder mit nur geringer Hilfe durch Dritte auskommen zu können, als es bisher der Fall ist. Die Einführung von wissenschaftlich begründeter Pflegeforschung ist daher als wesentliches Mittel zur Verbesserung der Pflege anzusehen.

Sehr viel schwieriger als im Bereich der Bildungspolitik sind Lösungsansätze in der Berufspolitik der Pflegeberufe zu verwirklichen. Dies hängt damit zusammen, daß die Berufspolitik unmittelbaren Einfluß auf die konkrete Arbeitssituation in der Krankenpflege hat. Eines der größten Hindernisse, die Pflege zu einem attraktiven Beruf zu machen, ist die Tatsache, daß hier kein eindeutiges Berufsbild existiert. Deutlich wurde dies, als im Rahmen der breitangelegten Werbekampagne «Berufe fürs Leben» nach Identifikationsmerkmalen und typischen Kennzeichen der Pflegeberufe gesucht wurde. Dabei stellte sich heraus, daß es keine solchen Merkmale mit hohem Wiedererkennungswert für die pflegerischen Berufe gibt. Noch immer besteht die Pflege im wesentlichen aus einer Ansammlung hauswirtschaftlicher Tätigkeiten. Ähnlich wie im privaten Haushalt der Hausfrau alle Aufgaben übertragen werden, die im Rahmen der Familienversorgung anfallen, wurden – und werden nach wie vor – der Pflege alle Aufgaben übertragen, für die sich im Krankenhaus sonst niemand findet.

Ein klar umrissenes Berufsbild zu entwickeln, ist daher eine der wichtigsten Aufgaben, welche die Pflege selbst zu leisten hat. Derzeit herrscht jedoch eher die Tendenz vor, eine Negativabgrenzung zu anderen Berufen vorzunehmen. Die Diskussion um die Ausgrenzung sogenannter berufsfremder Tätigkeiten nimmt einen breiten Raum in der berufspolitischen Auseinandersetzung ein. Dabei wird zum Teil weit über das Ziel hinausgeschossen. So gibt es Pflegende, die zum Beispiel die Teilnahme an den täglichen Stationsvisiten ablehnen, weil sie dort nur tatenlos herumstehen. Diese Zeit könne man besser nutzen, heißt es. An einer solchen Einstellung kommt ein wesentliches Merkmal pflegerischer Berufspraxis zum Ausdruck: mangelnde Konflikt- und Durchsetzungsfähigkeit. Anstatt dafür Sorge zu tragen, daß die Arztvisiten zu ernsthaften, sinnvollen Gesprächen zwischen Patienten, Pflegepersonal und Ärzten werden, entzieht man sich beleidigt und trotzig ausgerechnet dieser für den Patienten im Tagesablauf wichtigsten Situation. Dies aber ist eindeutig der falsche Weg, um dem Pflegeberuf zu größerem Ansehen zu verhelfen.

Im Zusammenhang mit der Arbeitssituation des Pflegepersonals gilt es, Verbesserungen einzufordern. Dabei müssen in erster Linie zunächst einmal Kindergartenplätze geschaffen, neue Arbeitszeiten eingeführt sowie Teilzeitarbeitsplätze für Schwestern mit Kindern zur Verfügung gestellt werden. Doch so richtig und wichtig diese kleinen, kurzfristig realisierbaren Maßnahmen sind, so wenig können sie darüber hinwegtäuschen, daß einseitige Änderungen in den Arbeitsbedingungen des Pflegepersonals im Krankenhaus gar nicht durchführbar sind. Zu vielschichtig sind die Verflechtungen der verschiedenen Berufsgruppen in den Kliniken. Die Krankenpflege ist in jedem Arbeitsbereich in irgendeiner Form eingebunden. Die Arbeitsabläufe und die Arbeitsverteilung in der Pflege werden aber nicht von den Pflegekräften bestimmt. So richten sich die – völlig absurden – Essenszeiten in den Krankenhäusern einzig nach der Arbeitszeit des Küchenpersonals. Die Häufung der Untersuchungen am Vormittag ist den Belangen der Diagnostikabteilungen geschuldet.

Die zum Teil disparaten Organisationsabläufe führen dann beispielsweise dazu, daß Patienten mitten in der Nacht gewaschen werden müssen, weil am Tage dazu keine Zeit mehr bleibt. Verbesserungen der Arbeitsbedingungen für das Pflegepersonal müssen also einhergehen mit drastischen und für andere Berufsgruppen einschneidenden Änderungen in den Organisationsabläufen. Dies wäre für die Krankenhausträger notwendig mit Mehrkosten verbunden, da zum Beispiel neue Schichtdienste eingeführt werden müßten. Aber nur auf diesem Wege ließen sich wirklich wirksame Verbesserungen erreichen. Es wäre nicht viel gewonnen, wenn eine Schwester ihr Kind zwar in einer Tagesstätte abgeben kann, aber an einen Arbeitsplatz zurückkehren soll, dem sie eigentlich entfliehen will. Und was wäre gewonnen, wenn ein Pfleger zwar alternative Arbeitszeiten wählen kann, in der Arbeit selbst aber weiterhin fremdbestimmt bleibt?

Auch die Deutsche Krankenhaus-Gesellschaft hat durchaus erkannt, daß gerade in den schlechten Arbeitsbedingungen des Pflegepersonals eine der wesentlichen Ursachen für die Probleme in den Pflegeberufen zu finden ist. In ihrem Maßnahmenkatalog «Zur Entlastung der Krankenschwestern und Krankenpfleger» notierte sie: «Die Krankenschwestern haben in den letzten Jahren im Krankenhaus in zunehmendem Maße Aufgaben erhalten, die nicht zur eigentlichen Krankenpflege gehören. Die Errungenschaften der modernen Chemotherapie, der Ausbau der physikalischen Therapie und eine weitgehend verfeinerte Diagnostik haben in vielen Fällen zwar zur Besserung der Behandlungserfolge, zur Abkürzung der Verweildauer im Krankenhaus geführt. Eine Vereinfachung oder Erleichterung der krankenpflegerischen Arbeit war damit aber keineswegs verbunden.» Über mehrere Seiten macht die DKG dann detaillierte Vorschläge, welche Maßnahmen zur Verbesserung der Arbeitsbedingungen führen können.[14] Das Problem dabei: Diese Empfehlungen stammen vom 21. Mai 1957!

Zusammenfassend bleibt festzuhalten, daß inzwischen eine Vielzahl von Einzelmaßnahmen in die Wege geleitet worden ist. Das Ende der chronischen Misere im Pflegebereich kommt allerdings erst in Sicht, wenn die folgenden Aufgaben gelöst werden können:
1. Anhebung des Sozialprestiges pflegerischer Berufe in unserer Gesellschaft;
2. Etablierung eines positiv formulierten Berufsbildes für pflegerische Berufe;
3. Verbesserung der Arbeitsbedingungen für Pflegepersonal in den Krankenhäusern, Altenheimen und in der ambulanten Pflege.

Diese dringend notwendigen Verbesserungen der Arbeitssituation des Pflegepersonals würden darüber hinaus den Patienten unmittelbar zugute kommen. Niemandem kann daran gelegen sein, sich von abgehetzten, unzufriedenen Schwestern und Pflegern versorgen zu lassen oder, schlimmer noch, überhaupt nicht mehr versorgt zu werden, weil alle gekündigt haben: Stell Dir vor, Du bist krank und keiner pflegt Dich.

Anmerkungen

1 Berliner Erklärung vom 26. Juli 1991: *Beteiligung des Bundes an den Investitionskosten in den neuen Bundesländern gefordert*, in: Das Krankenhaus, Zentralblatt für das deutsche Krankenhauswesen, 83, Heft 8/1991, S. 391–394

2 *Neue Personalbemessungsgrundlage für die Krankenpflege.* Mitteilung des DBfK, in: Krankenpflege, Heft 10/1991, S. 565

3 *Weit überdurchschnittlicher Anstieg der Vergütungen macht Pflegeberufe attraktiv*, in: Die Schwester – Der Pfleger, Heft 7/1991, S. 643 f

4 *130 000 DM Verlust in 20 Jahren – Ungerechtigkeiten für den Pflegedienst verstärkt*, in: Deutsche Krankenpflege-Zeitschrift, Heft 7/1991, S. 519 f

5 *Schwestern und Pfleger kriegen weniger Geld*, in: Süddeutsche Zeitung vom 21./22. September 1991

6 *Wie Hausfrauen Pflegerinnen werden können*, in: Süddeutsche Zeitung vom 17. Mai 1988

7 *Vorschläge zur Linderung des Pflegenotstands*, in: Süddeutsche Zeitung vom 19. Juni 1989

8 *ÖTV: Asylbewerber nicht im Pflegebereich beschäftigen*, in: Süddeutsche Zeitung vom 1. August 1989

9 *Studenten statt Kranken-Pfleger*, in: Abendzeitung München, Januar 1990

10 *Computer entlastet Pflegekräfte*, in: Süddeutsche Zeitung vom 13./14. Januar 1990

11 *Krankenschwestern haben genug vom japanischen Arbeitseifer*, in: Die Schwester – Der Pfleger, Heft 10/1991, S. 936

12 Schneider, A.: *Zur Delegation von Injektionen an nicht hinreichend qualifiziertes Personal*, in: Deutsche Krankenpflege-Zeitschrift, Heft 11/1987, S. 778

13 Zopfy, I.: *Der Wandel in der Pflege*, in: Krankenpflege, Heft 1/1988, S. 43

14 Deutsche Krankenhaus-Gesellschaft: *Maßnahmen zur Entlastung der Krankenschwestern und Krankenpfleger*, in: Das Krankenhaus, Heft 7/Juli 1957, S. 269 ff

Zu den Autoren

Annemarie Bauer, Dipl.-Päd., Dr. phil., Gruppenanalytikerin, Supervisorin und Balintgruppenleiterin in eigener Praxis. Schwerpunkte: Kliniken, vor allem Onkologie und Dialyse, Frauenprojekte etc. Unterrichtserfahrung in der Grundausbildung, in Stationsleitungskursen und Weiterbildungslehrgängen zur/zum Unterrichtsschwester/pfleger der Krankenpflege.
Annemarie Bauer lebt in Heidelberg, Hauptstr. 133

Katharina Gröning, M. A. Erziehungswissenschaftlerin und Supervisorin. Nach mehrjähriger Tätigkeit als Frauenbeauftragte Promotion (laufendes Projekt). Supervisionserfahrung in Kliniken, u. a. mit Hebammen, Frauenprojekten, sozialen Einrichtungen; daneben Seminartätigkeit.
Katharina Gröning lebt in Essen, Schornstr. 8

Peter Jacobs, Jahrgang 1950, nach Abitur und einigen Semestern Studium der Rechtswissenschaften, Politologie und Soziologie in Bonn Ausbildung zum Krankenpfleger in Starnberg. Weiterbildung zum Fachkrankenpfleger für Anästhesie und Intensivpflege sowie zum Lehrer für Krankenpflege in München. Seit 1984 freier Mitarbeiter der Fachzeitschrift für Krankenpflege *Die Schwester – Der Pfleger*. Autor zahlreicher Veröffentlichungen insbesondere zu berufspolitischen und rechtspolitischen Problemen der Krankenpflege. Seit 1988 ltd. Krankenpfleger am Institut für Anästhesiologie im Klinikum Großhadern der Ludwig-Maximilians-Universität München.
Peter Jacobs lebt in Olching, Adalbert-Stifter-Weg 2.

Doris Prinzl-Wimmer, Lehrerin, Journalistin und Familientherapeutin.
Mehrjährige Tätigkeit als Dozentin in verschiedenen Ausbildungsinstitutionen für Krankenpflege (Grundkurs, Stationsleitungskurse, Weiterbildungslehrgänge für Lehrerinnen und Lehrer der Krankenpflege). Erfahrungen mit Supervisionen im Klinikbereich.
Doris Prinzl-Wimmer lebt in Schönau bei Heidelberg, Luisenstr. 12.

Wolfgang Schmidbauer, Dr. phil., Dipl.-Psych., Gastprofessor für Psychoanalyse an der Gesamthochschule Kassel (1986), derzeit Lehranalytiker, Therapeut und Supervisor in München; daneben schriftstellerisch tätig mit wissenschaftlichen («Die hilflosen Helfer», zuletzt «Du verstehst mich nicht! Die Semantik der Geschlechter») und erzählenden Texten («Eine Kindheit in Niederbayern», «Ein Haus in der Toscana»).
Wolfgang Schmidbauer lebt in München, Ungererstr. 66.